허공에 핀 꽃

허공에 핀 꽃

초 판 1쇄 펴낸날 2020년 4월 30일
      3쇄 펴낸날 2021년 11월   1일

지은이 원산큰스님
엮은이 김현준
펴낸이 김연지
펴낸곳 효림출판사
등록일 1992년 1월 13일 (제2-1305호)
주 소 서울시 서초구 반포대로14길 30, 907호 (서초동, 센츄리I)
전 화 02-582-6612, 587-6612
팩 스 02-586-9078
이메일 hyorim@nate.com

값 6,500원

ⓒ효림출판사 2020
ISBN 979-11-87508-41-0 03220

허공에 핀 꽃

원산큰스님 지음

효림

서 문

❁

책 제목을 '허공에 핀 꽃'이라 하였다.

삼계(三界) 속의 이십오유(二十五有)(25종류의 중생)와 삼라만상이

모두 허공 중의 꽃이다.

있는 것이 있는 것이 아니라 그 이름이 있는 것이요

없는 것이 없는 것이 아니라 그 이름이 없는 것이다.

부처님은 중생제도를 위해 한평생 동안

팔만 사천 법문을 설하셨건만 『능가경』에서

'나는 한 글자도 설한 바가 없다'고 하셨다.

알겠는가?

허공에 핀 꽃이 허공에 핀 꽃이 아니라

그 이름이 허공에 핀 꽃임을 알면

부처님의 설법은 설함 없이 설하고

들음 없이 듣는 줄을 능히 깨닫게 되리라.

‏⚯

　지난 2019년 7월부터 2020년 1월까지, 불자들의 삶
에 꼭 필요한 '인생 · 인연 · 윤회 · 행복 · 믿음 · 원 · 기
도 · 천도' 등에 대한 법문을 월간 「법공양」에 연재하
였는데, 그 글들을 다시 엮어 한 권의 책으로 낸다기에
고맙게 받아들이기로 하였다.

　이 책을 읽는 이들이 부처님의 가르침을 생활화하여,
복되고 평화롭고 지혜로운 삶을 이룰 수 있게 되기를
깊이깊이 축원 드린다.

경자년 매화꽃이 필 때
통도사 백련정사
죽림굴에서 원산 합장

차 례

차 례

차 례

제 1 장

인생이란

한평생 일백 년이 잠시요 잠깐이니
가는 세월 붙잡기를 등한히 하지 말라
노력하고 수행하면 성불도 어렵지 않으나
금생을 다시 놓치면 생사해탈 어렵도다

百年只是暫時間　백년지시잠시간
莫把光陰當等閑　막파광음당등한
勞力修行成佛易　노력수행성불이
今生差過出頭難　금생차과출두난

인생난득 불법난봉

우리의 하루하루는 얼마나 소중한 것일까요?

한평생 일백 년은 결코 긴 시간이 아닙니다. 타오르는 촛불처럼 활기찬 젊은 시절은 빨리 흘러가고, 흰머리와 주름과 병 등의 염라대왕 소식을 접하면서 시시각각 늙어가다가, 마침내는 이 세상을 떠나갑니다.

광음光陰, 정말 세월은 빛과 같이 빨리 지나갑니다. 인연 따라 끊임없이 흘러갑니다. 이 세월을 흘러가는 대로, 지나가는 대로 내버려두면 죽음의 문턱에 문득 도달하여, 제대로 이룬 것 하나 없이 염라대왕을 만나게 됩니다.

하지만 끊임없이 흘러가는 이 시간을 헛되이 보내지 않으면 소중한 결실을 맺을 수 있습니다. 스스로의 진실을 체험하면서 노력하고 닦아 가면 어떠한 원顥도 성취할 수 있습니다. '노력하고 수행하면 성불도 쉽다'고 하였듯이, 생사의 바다에서 벗어나 부처님 되는 것까지도 어렵지 않습니다. 하물며 인간이 갖는 평범한 소원들이야….

『자경문』에 '인생난득人生難得 불법난봉佛法難逢'이라는 구절이 있습니다. "사람으로 태어나기 어렵고 부처님 법을 만나기는 더욱 어렵다"는 말씀입니다.

우리는 사람으로 살아가고 있기 때문에 사람이 얼마나 귀한 존재인지를 잘 모릅니다. 그러나 대우주 속에 존재하고 있는 수많은 생명체들과 비교해 보면 사람은 참으로 특별한 존재입니다. 그래서 '만물의 영장'이라 하는 것이고, 모든 생명체가 사람을 두려워하는 것입니다.

부처님께서는 사람의 몸을 받아 태어나는 것이 '눈먼 거북이가 구멍 뚫린 나무를 만나는 것처럼 어렵다' 하여 '맹귀우목盲龜遇木'이라는 비유를 들었습니다.

어쩌다가 한 번씩 바다 위로 나와 바람을 쐬는 눈먼 거북이. 그렇지만 눈이 멀어 몇 번 허우적거리다가 걸리는 것이 없으면 다시 물속으로 들어갈 수밖에 없습니다.

그런데 마침, 가운데에 구멍이 뻥 뚫려 있는 나무토막 하나가 파도를 타고 떠내려와서 거북의 몸에 걸리게 되면, 거북은 얼마 동안 편안하게 휴식을 취할 수 있다는 것이 맹귀우목 이야기입니다.

이 얼마나 드문 일입니까? 이처럼 사람으로 태어나기가 어렵고, 사람으로 태어나더라도 부처님 법을 만나기는 더욱 어렵습니다. 다행히 우리는 부처님 법까지 만났습니다. 과연 이 소중한 인연을 어떻게 가꾸어야 할까요?

안수정등岸樹井藤의 법문

인생과 불연佛緣을 잘 가꾸고자 하면 먼저 보편적인 인간이 무엇에 빠져 살고 어떻게 살아가고 있는지를 알아야 합니다. 왜? 그것을 알아야 '잘 살아야겠다'는 마음이 생겨나기 때문입니다.

그럼 인생의 보편적인 모습은 어떠한 것인가? 이를 일러주는 안수정등의 법문이 『비유경』 속에 있습니다.

❀

어떤 이가 아주 넓은 벌판을 태연히 걸어가고 있었습니다. 평화로운 듯하지만, 금방이라도 무슨 일이 일어날 것 같은 묘한 분위기가 풍기는 벌판이었습니다. 과연 시간이 지나자 사방으로부터 사나운 불길이 일어나

더니, 그를 불 속에 가두어 버리는 것이었습니다.

당황하여 어찌해야 할 줄을 모르고 있는데, 불현듯 미친 코끼리 한 마리가 나타나 잡아먹을 듯이 다가왔습니다. 황급히 도망을 치다가 언덕 끝에 다다랐는데, 이 어쩐 노릇입니까? 깊은 절벽이 그를 기다리고 있었습니다.

절벽 때문에 앞으로 나아갈 수도 없고 코끼리 때문에 뒤로 물러날 수도 없었던 그는 절벽 끝에 있는 큰 나무 위로 죽을힘을 다해 올라갔고, 코끼리는 나무 위를 쳐다보며 그가 내려올 때만을 기다리고 있었습니다.

시간이 지나자 허기가 찾아들기 시작하면서, 갈증이 심해져 견디기가 힘들었습니다. 탈출할 길을 찾다가, 아래쪽의 크고 깊은 우물로 칡덩굴이 드리워져 있는 것을 발견하였습니다.

그는 위험을 무릅쓰고 칡덩굴을 잡고 조금씩 조금씩 아래로 내려가 우물 속으로 들어갔습니다. 하지만 우물 속에는 용이 되지 못한 이무기 세 마리가 떨어지면 잡아먹겠다며 큰 입을 벌리고 있었고, 우물가에는 독사 네 마리가 혀를 날름거리며 매섭게 노려보고 있었습니다.

식은땀을 흘리면서 목숨줄인 칡덩굴에 꽉 매달려 있었지만, 차츰 힘은 빠지고 손은 저려 왔습니다. 그나마 빨리 떨어지라며 흰쥐와 검은쥐가 우물 위쪽에서 칡덩굴을 야금야금 갉아먹고 있었으니….

'죽었구나' 생각하며 칡덩굴만 잡고 있는데, 갑자기 입속으로 달콤한 액체 한 방울이 들어오는 것이었습니다. 고개를 들어보니 벌 다섯 마리가 나무 구멍에 지어놓은 벌집에서 꿀이 한 방울씩 아주 천천히 떨어지고 있었습니다.

'아, 이 달콤한 맛!'

다디단 꿀은 모든 것을 잊게 하였습니다. 달콤한 한두 방울의 꿀을 받아먹는 즐거움에 빠진 그는 처해 있는 괴로움과 죽음의 두려움을 까맣게 잊어버리고, 꿀이 떨어지는 순간을 애타게 기다리며 매달려 있었습니다.

ॐ

이 안수정등岸樹井藤의 법문은 인생을 벌판[岸]과 나무[樹]와 우물[井]과 칡덩굴[藤]로 엮어서 만든 이야기입니다.

가없이 넓은 벌판에서 태어나 죽음을 향해 달려가는 사나이. 사나이는 인간이요 벌판은 세상입니다. 그 벌판에는 생로병사生老病死의 불이 사방으로부터 끊임없이 일어나 우리를 괴롭힙니다.

또한 세월을 뜻하는 미친 코끼리에 의해 늙음·병듦·죽음과 갑작스럽게 발생하는 사건·사고들이 일어납니다. 덧없는 죽음의 귀신. 그래서 이 미친 코끼리를 '무상살귀無常殺鬼'라고 칭합니다.

코끼리를 피해 올라간 나무는 사람의 몸이요, 나무 아래의 우물은 황천黃泉(저승), 칡덩굴은 목숨줄입니다. 언제나 황천을 향하고 있는 우리의 몸이 칡덩굴에 의지하여 잠시 목숨을 부지하고 있는 형국입니다.

하지만 이것으로 끝이 아닙니다. 지옥·아귀·축생의 삼악도三惡道는 세 마리의 이무기가 되어 떨어지면 삼켜 버리겠다며 입을 크게 벌리고 있고, 인간 몸의 구성 원

소인 지地·수水·화火·풍風의 네 마리 독사는 죽은 뒤 육체의 기운을 다시 회수해 가기 위해 혀를 날름거리며 노려보고 있습니다.

더욱이 해(낮)와 달(밤)을 상징하는 흰쥐와 검은쥐가 번갈아 가면서 목숨줄인 칡덩굴을 갉아먹고 있으니…. 세월이 흘러 칡덩굴을 다 갉아먹으면 우물 속 황천으로 떨어질 수밖에 없습니다.

그런데 비참한 상황에서 괴로움과 힘듦과 두려움을 잊게 하는 것이 있습니다. 그것은 다섯 마리 벌이 모아 놓은 오욕락五欲樂의 꿀물입니다. 무상이 눈앞에 가득하건만 모든 것을 까맣게 잊어버린 채, 너무나 달콤한 꿀 한 방울의 맛에 취하여 살아가고 있는 것입니다.

오욕락五欲樂

오욕락은 인간의 근본 욕심인 재욕財欲·색욕色欲·식욕食欲·명예욕名譽欲·수면욕睡眠欲의 다섯 가지를 말합니다.

이 다섯 가지 중 음식과 수면에 대한 욕심은 가장 근본적인 것으로, 음식과 수면이 부족하면 누가 가르쳐 주지 않아도 스스로 보충하고자 합니다. 배가 고프면 먹을 것을 찾고, 졸리면 잠 속으로 빠져드는 것입니다.

그리고 먹고 자는 기본적인 욕망이 충족되고 나면 풍요롭게 살기 위해 돈을 바라고〔財欲〕, 이성과 함께 즐거움을 나누고자 하고〔色欲〕, 세상에 이름을 남기며 살기를 바라게 됩니다〔名譽欲〕.

그런데 이 오욕의 근원을 자세히 들여다보면, 모두가

'먹고 싶다, 자고 싶다, 갖고 싶다, 되고 싶다, 누리고 싶다'는 등의 '싶다'에서 출발하고 있음을 알 수 있습니다.

'싶다', 곧 나에게 맞고 나에게 필요하면 욕심이 일어나는 것입니다.

물론 이 욕심을 무조건 나쁜 것으로 매도해 버릴 수만은 없습니다. 크게 의욕意欲과 탐욕貪欲으로 나뉘어지는 인간의 욕심 중에, 그 누구도 의욕을 나쁘다고 이야기할 수 없기 때문입니다.

문제는 욕심의 정도가 지나친 데 있습니다. 처음에는 의욕으로 시작하였을지라도 지나치면 탐욕이 됩니다. 적당하면 평화와 행복의 기분이 '나'와 함께하지만, 지나치면 평화와 행복의 기운이 나를 등지고 떠나버립니다.

정녕 좋은 기운들이 떠나버리면 어떻게 되는가? 괴로움과 불안함과 불행만이 가득해질 뿐입니다. 특히 재물과 이성에 대한 욕심이 지나치면 인생 자체가 크게 비참해집니다.

무엇보다 인생을 즐겁게 해주는 돈과 색이 그릇되이 움직이면, 식욕·명예욕·수면욕보다 훨씬 큰 타격을 입게 됩니다. 먼저 돈부터 살펴봅시다.

돈을 모으고 쓰는 재미는 칡덩굴에 매달려 꿀을 받아먹는 것과 같습니다. 수중에 돈이 많으면 신바람이 절로 나고 얼굴이 윤택해지고 가슴이 활짝 펴집니다. 그리고 살아가는 데 자신감이 넘쳐납니다.

가진 돈으로 좋아하는 사람과 맛있는 것도 사 먹고, 멋진 옷도 사입고, 부족함 없이 풍요롭게 산다는 것. 이것이 행복한 삶의 기본이 되고 있습니다.

그런데 세상의 거래가 대부분 돈으로 이루어지고, 세속법은 돈이 중심이 되어 굴러가기 때문에, '돈으로 살 수 없는 것은 아무것도 없다'고 부르짖는 사람까지 있습니다. 그들은 돈으로 높은 지위를 얻으려 하고 돈으로 사람을 마음대로 부리려 합니다.

하지만 돈을 무기로 삼아 휘두르는 사람은 돈에 의해 비참한 꼴을 당하게 됩니다. 인격이나 도道로써 해결해야 할 일을 돈으로 해결하려 하거나, 꼭 써야 할 돈을 아낀다고 쓰지 않게 되면, 오히려 돈이 사람에게 상처를 입힌 다음 떠나가는 경우가 비일비재합니다.

또 색욕의 '색色'을 뜻하는 이성異性 또한 돈 못지않게 사람을 기쁘고 즐겁고 흐뭇하게 만듭니다. 마음에 드는 이성과 교제를 하고 사랑을 나누는 일은 그렇게 좋을 수 없습니다. 원하던 상대와 함께하게 되면 마치 천하를 모두 얻은 것처럼 기뻐합니다.

실로 마음에 맞는 사람과 만나 따뜻한 정을 나누며 백년해로를 하게 되면 그처럼 행복한 삶도 드물 것입니다.

그러나 남자 한번 잘못 만나고 여자 한번 잘못 만나면 그야말로 기구한 팔자로 바뀌게 되고, 상대가 바람이라도 피우는 날에는 서로 의심하고 욕하고 미워하고 갈라서고 근심걱정을 하면서, 한평생을 허비하는 경우도 많습니다.

재물과 색. 잘 쓰고 좋은 인연으로 만나면 다시없이 좋은 것이 재색財色이지만, 잘못 쓰고 마음대로 되지 않을 때는 재색처럼 사람을 힘들게 만드는 것이 없습니다.

재색의 먹구름이 나를 감싸면 세상은 일순간에 암흑
천지로 바뀌어 버립니다. 곧 재욕과 색욕에 빠져 허우
적거리며 살다가 스스로를 추스르는 것조차 잊어버리
게 되면, 이 몸 그대로가 근심 걱정 보따리로 바뀌어 버
리는 것입니다.

'사람 아니면 물질' 때문에 괴로워하는 인생. 만일 돈
걱정과 이성에 대한 고민이 없다면, 세상을 살아가기가
훨씬 수월해지지 않겠습니까?

재욕과 색욕만이 아닙니다. 식욕도 마찬가지요 명예
욕과 수면욕도 마찬가지입니다. 지나치면 좋지 않습니
다. 지나치면 몸 버리고 사람 버리고 집안 망칠 뿐 아니
라, 다생다겁을 통하여 그 과보를 받아야 합니다.

식욕이 지나치면 몸에 약이 되어야 할 음식이 독이 됩
니다. 그러므로 음식을 너무 탐하는 버릇부터 버려 나
가야 합니다.

또 명예욕에 집착하다 보면 명예 밖의 것들은 눈에
들어오지가 않기 때문에, 바른 삶도 가족도 내팽개치고

살아갑니다.

하지만 화려한 명예는 물거품과 같은 것! 명예욕 속에서 한 시절을 풍미했던 사람이 마침내 파국 속으로 빠져드는 까닭이 모두 과욕 때문이었다는 것을 잊어서는 안 됩니다.

그리고 수면욕에 빠져들어 게으른 생활을 하지 마십시오. 잠이 너무 많으면 게으름과 몽롱함 속에 빠져들어 인생을 덧없이 보내는 결과를 초래하게 됩니다.

그렇다고 억지로 잠을 줄이라는 이야기가 아닙니다. 적당한 수면은 참으로 중요합니다. 잘 자야 맑은 정신으로 다음날을 활기차게 살 수 있고, 타인에게도 피해를 주지 않습니다.

결국 달콤한 오욕락에 빠져서 살지 말 것을 강조하는 까닭은 이 몸이 좋아하는 것을 따라 살지 말라는 것이며, 이 몸에 대한 애착을 버리라는 것입니다. '나' 스스로 절제하여 정말 잘사는 나로 만들어 가자는 것입니다.

그렇다고 하여 이 몸을 학대하거나 마구잡이로 사용

해서는 안 됩니다. 우리의 몸은 감로수를 담고 있는 감로병과 같습니다. 감로병에 구멍이 뚫리면 감로수를 어찌 잘 보존할 수 있겠습니까?

많은 사람들은 오욕락에 빠져드는 것이 이 몸을 즐겁게 해주는 것이라 생각합니다. 그러나 이것은 큰 착각입니다. 오욕락에 빠지면 몸은 더욱 빨리 망가집니다. 맛있는 음식, 이성과의 잦은 관계, 돈이나 명예를 위한 밤낮없는 노동….

그 결과는 몸의 부실로 이어지고, 마침내는 몸의 붕괴로 끝을 맺습니다. 몸의 붕괴, 그것은 죽음입니다. 그다음은 무엇인가? 나를 위하고 오욕락을 위해 남에게 저지른 업業만을 걸머지고 삼악도를 향한 여행을 떠나게 되는 것입니다.

진짜로 내가 할 일

이제까지 우리는 인생난득이요 불법난봉이라는 것과 인생살이가 안수정등과 같다는 것, 오욕락五欲樂이 무엇이고 오욕락에 빠지면 안 되는 까닭에 대해 살펴보았습니다.

그럼 안수정등의 현실에서 사람들이 욕락欲樂에 집착하는 까닭은 무엇일까요? 고난을 떠나 행복하게 잘살고자 하기 때문입니다. 고생 덜하고 즐겁게 살고자 하기 때문입니다.

과연 어떻게 하면 고생 덜하고 행복하고 즐겁게 살수 있는가? 어떻게 하면 자식을 좋은 학교 보내고 좋은 직장에 취직시킬 수 있는가? 어떻게 하면 건강하고 편안하게 살 수 있는가?

관심은 오로지 나의 행복과 가족의 행복으로 모아집니다.

하지만 인생은 참 무상無常합니다. 그지없이 빨리 흐르는 세월 따라 얼굴에는 주름이 수 놓이고, 생기生氣는 나날이 사라집니다. 자연도 마찬가지입니다. 잎이 돋아 파릇함을 뽐내다가 곧 무성해지고, 찬 바람이 불면 낙엽이 되어 떨어집니다.

그런데 자연의 무상함과 인간의 무상함에는 차이가 있습니다.

자연은 있는 그대로를 따르고, 인간은 허망한 인생이 아쉽다며 무언가를 자꾸만 이루고자 합니다. 밝고 맑은 마음으로 자연스럽게 이루려는 것이 아니라, 욕망 따라 나를 돋보이게 하기 위해 욕락을 성취하고자 합니다.

따라서 이루고자 하는 욕락과 이 세상에 대해 집착하게 되고, 그 집착 때문에 더욱 힘들게 살아갑니다.

하지만 인생은 공수래空手來 공수거空手去입니다. 빈손으로 왔다가 빈손으로 갑니다. 이 세상에 올 때 무엇을 가져왔으며, 떠날 때 무엇을 가져갑니까? 오직 이 세상에 살면서 지어 놓은 업業만 짊어지고 다음 생의 몸을 받으러 떠나갑니다.

솔직하게 스스로를 돌아보십시오. 이제까지 부귀영화와 행복을 추구하였지만 과연 몇 날이나 영화롭고 행복하게 살았습니까? 일이 바쁘다는 핑계로, 힘들다는 핑계로, 사랑하는 가족이나 절친했던 친구와 나눈 시간은 또 얼마입니까?

우리가 살고 있는 이 풍진세상風塵世上은 비바람이 몰아치고 먼지가 가득한 세상입니다. 거칠고 탁하여 편안하지 못한 세상입니다.

이러한 세상에 살고 있기에 정신을 바짝 차려야 합니다. 휘날리는 먼지를 모으려 하거나 바람을 움켜잡으려 해서는 안 됩니다. 또 먼지와 바람을 싫어하여 도망만 치면서 살아서는 안 됩니다.

오히려 이 풍진 속에서, 무상한 인생살이 속에서 스스로 해야 할 참다운 일을 찾아야 합니다. 천만금으로도 살 수 없는 참다운 일을 찾아야 합니다.

꼭 불교와 관련된 일을 하라는 것이 아닙니다. 왜냐하면 어떠한 일을 하든 바른 원을 품고 성실하게 살면 부처님의 가르침을 따르는 삶이 되고, 모자람 없는 행복을 누릴 수 있기 때문입니다.

그러므로 내가 지금 이 생에서 진짜로 해야 할 일을 하면서 살아야 합니다.

진짜로 내가 할 일. 그것이 무엇입니까?

그것은 누구도 모릅니다. 누구도 일러주지 못합니다. 나만이 찾을 수 있고 나만이 알 수 있습니다. 이 풍진 세상에 내가 진짜로 꼭 해야 할 일이 무엇인지를, 지금 나이에 내가 여기에서 참으로 해야 할 일이 무엇인지를 진지하고 깊이 있게 돌아보십시오.

"과연 어떻게 하여야 일시적인 즐거움이나 괴로움에 빠져들지 않고 참된 즐거움을 누릴 수 있는가?"

하지만 이 명상에 빠져들기 전에, 나 자신을 돌아보고 내 허물을 돌아볼 줄 알아야 합니다. 나의 무엇이 잘못되었는지를 바라볼 줄 알아야 합니다. 내 허물부터, 나의 병부터 바로 볼 줄 알아야 합니다.

『반야심경』의 가르침처럼 전도몽상顚倒夢想을 멀리 떠나야 합니다.

마치 기차나 배를 타고 갈 때, 기차나 배는 움직이지 않고 밖의 산이나 나무 등이 나아가고 있는 듯한 착시 현상에서 벗어나야 합니다. 깨고 나면 사라지는 몽상에서 깨어나, 몽상 때문에 뒤바뀌어 살고 있는 현실부터 바로잡아야 합니다.

전도몽상顚倒夢想. 이에 대한 쉬운 비유담을 하나 소개하겠습니다.

❀

옛날 거울이 흔치 않았던 시절의 이야기입니다.

시골에서 살던 남편이 서울로 갈 일이 생기자, 아내가 부탁을 했습니다.

"서울 가시거든 머리 빗는 참빗 하나 사 오십시오."

참빗이 어떻게 생겼는지를 잘 몰랐던 남편이 되묻자 아내가 설명했습니다.

"단장할 때 쓰는 물건인데, 하늘의 달과 같은 모양입

니다."

반달 같이 생긴 참빗인데, 반달이라 하지 않고 달이라고 한 것입니다. 서울에서 일을 마친 남편은 선물을 사기 위해 만물상에 들렀는데 '참빗'이라는 이름이 떠오르지 않았습니다.

"여자가 단장할 때 쓰는 달 모양의 용구를 주시오."

주인은 한참을 생각하다가 거울을 포장해주었고, 집으로 돌아와 아내에게 주자, 아내는 거울을 보며 소리쳤습니다.

"아니, 이 양반이 서울 가서 웬 첩을 데리고 왔수?"

거울을 뺏어 든 시어머니는 퇴박을 주었습니다.

"데리고 올 것이면 젊은 여자를 데리고 오지, 웬 나이든 여자야?"

옥신각신하고 있는데 시아버지가 와서 그 거울을 보고는 큰절을 올리며 말했습니다.

"아버지, 돌아가신 지 20년 만에 집으로 오셨네요."

모두의 행동이 이상하다 싶어 거울을 빼앗아 들여다보았더니, 거울 속에 웬 사내가 있는 것이었습니다. 놀란 남편이 거울 속 남자를 향해 호통을 치자, 그 남자도 같이 호통을 쳤습니다. 화가 머리끝까지 치민 남편은 거울을 내동댕이쳤고, 거울은 산산조각이 났습니다.

§

거울을 거울인 줄 모르고 보는 것은 모든 번뇌의 근본인 무명無明이요, 거울 속의 모습이 자신일 줄을 모르고 첩이다·아버지다 하면서 미혹 속을 헤매는 것이 바로 몽상입니다.

우리는 잘못 보고 뒤바꾸어 보는 전도몽상에서 깨어나, 나의 허물을 바로 보고 나의 허물을 고치고자 해야 합니다. 전도몽상에서 깨어나 나 자신을 괴로움에서 벗어나게 해주는 것이 '나'를 진정으로 사랑하는 사람이 꼭 실천해야 할 첫 번째 자비행인 것입니다.

안 그래도 덧없는 안수정등과 같은 인생. 마냥 욕락을 추구하며 덧없이 살지 마십시오. 전도몽상의 삶을 살지 마십시오. 또렷하게 깨어나 나 자신을 돌아보고 내 허물을 돌아보십시오.

그리하여 참된 즐거움을 누릴 수 있는 방법을 찾아, 정말 평화롭고 행복하게 살아 보십시오.

내 공부가 된 사람은 누구도 탓하지 않습니다. 누구의 허물도 이야기하지 않습니다.

이제 이 산승은 감히 권해 봅니다. '내 자신을 위한 공부'를 해 보시기를! 독경·사경·봉사·예불·염불·참선 등의 불교 공부 중에 무엇을 하여도 좋습니다.

참된 내 복을 이루고 내 힘을 이루는 공부에 몰두해 보십시오. 몰두를 하다 보면 힘이 생기고, 힘이 생기면 쉽게 원을 성취할 수 있습니다. 그리고 공부가 잘된 이의 아들딸 손자들은 앞길이 저절로 활짝 열립니다.

부디 바른 원을 품고 성실하게 정진하시기를 두 손 모아 축원 드립니다.

사흘 동안 닦은 마음 천년토록 보배되고
백년 동안 탐한 물건 하루아침 티끌되네
三日修心千載寶 삼일수심천재보
百年貪物一朝塵 백년탐물일조진

제 2 장

인연 그리고 업연 풀기

가히 백천 겁의 세월이 지날지라도
스스로가 지은 업은 없어지지 않나니
인과 연이 다시 만나게 되면
그 과보를 스스로 되돌려 받느니라

假使百千劫　가사백천겁

所作業不無　소작업불무

因緣會遇時　인연회우시

果報還自受　과보환자수

인연법이란

바다는 넓은 바닷물로 가득 채워져 있습니다. 그 바다에 큰바람이 불면 물은 큰 파도가 되고, 작은 바람이 불면 찰랑이는 물결이 되며, 바닷물이 사물과 부딪히면 거품이 되고, 태양열을 받게 되면 수증기가 되어 하늘로 올라갑니다. 하나의 바닷물이 처하는 환경에 따라 다른 모습을 나타내게 됩니다.

이처럼 이 법계 속의 모든 것은 인因과 연緣, 원인과 조건에 의해 만들어집니다. 신의 명령이나 뜻에 의해 이루어지는 것이 아니라, 원인과 조건, 인과 연의 만남에 따라 잘난 사람·못난 사람으로도 태어나고, 행복한 사람·불행한 사람으로도 태어나는 것입니다.

하지만 이 인연법, 인연의 이치를 깨닫는다는 것은 그

리 쉬운 일이 아닙니다. 잠깐 '지혜제일 사리불존자' 이
야기를 하겠습니다.

🌸

사리불舍利弗은 부처님의 제자 중 가장 으뜸가는 분
으로, 부처님을 만나기 전에 사리불은 가장 친한 친구
인 목건련과 함께 당시로써는 지혜가 가장 높다는 철
학자 산자야를 찾아가 공부를 했습니다.

스승이 가르쳐주는 것을 열심히 공부하고 수행한 두
사람은 얼마 지나지 않아 스승의 가르침을 모두 이해
하고 2백 명의 제자를 가르치게 되었습니다. 하지만 영
원한 즐거움은커녕 마음의 평안조차 얻을 수 없었습니
다. 두 사람은 다시 상의했습니다.

"여기서 배울 것은 다 배웠다. 다른 스승을 찾아보
자."

하루는 사리불이 길을 가다가, 부처님의 최초 5비구
중 한 사람인 마승馬勝 비구를 만났습니다. 마승 비구
는 코끼리왕이 길을 가듯이 앞만 보고 갈 뿐 이리저리

돌아보지 않았으며, 돌아보더라도 사자처럼 온몸을 돌려서 보는 것이었습니다. 사리불은 마승 비구의 걷는 모습을 보고 크게 느낀 바가 있어 여쭈었습니다.

"스님은 어떠한 분을 스승으로 모시고 있습니까?"

"카필라국에서 출가한 고오타마 붓다입니다."

"어떤 법을 배우셨습니까?"

모든 법은 인연을 좇아 생겨나고

모든 법은 인연이 다하면 없어진다

우리 부처님 대사문께서는

늘 이와 같이 설법하십니다

제 법 종 연 생   제 법 종 연 멸
諸法從緣生   諸法從緣滅

아 불 대 사 문   상 작 여 시 설
我佛大沙門   常作如是說

마승 비구의 게송 하나에 반한 사리불은 목건련에게로 쫓아가 자초지종을 이야기하였으며, 두 사람은 그 길로 제자 2백 명을 이끌고 부처님을 찾아가 귀의하였습니다.

8

지혜롭기 그지없는 사리불은 '인연'이라는 이 단어에 매료되어 환희심을 발하여 출가하였습니다. 왜? 신이 창조한 것이 아니라, 인연 따라 생겨나고 인연이 다하면 멸한다는 새로운 가르침에 크게 반한 것입니다.

석가모니불 출현 이전의 인도에서는 우주 만물이 전부 신에 의해 만들어진 것으로 알고 있었습니다. 석가모니 또한 마찬가지였습니다.

도를 깨치기 전에는 신이나 조물주가 만들기도 하고 없애기도 하는 것으로 알고 있었지만, 도를 깨치고 보니 세상의 모든 것은 원인[因]과 조건[緣]에 의해 생성되고 원인과 조건에 따라 소멸한다는 것을 깨달았습니다.

그래서 이 인연법을 깨우쳐주고자, 한결같이 중생교화의 길을 걸었으며, 사리불도 이 가르침에 반하여 부처님의 제1 제자가 된 것입니다.

인연법과 장식藏識

 그리고 부처님께서는 인연과 함께 업식종자業識種子가 있음 또한 일러주셨습니다. 내가 지어 간직하고 있던 업식종자〔因인〕가 아버지와 어머니라는 조건〔緣연〕을 만나 태어나게 된다는 것입니다. 결코 신에 의해 태어나는 것이 아니라, 원인과 조건에 의해 태어나고 죽는다는 것을 가르쳐주셨습니다.

 업식業識은 '지은 업業을 간직(기록)하고 있는 마음〔識식〕'이라는 뜻입니다. 비유를 하면 CCTV와도 같습니다. 요즘 거리마다 공간마다 CCTV가 설치되어 있어 사람들이 왕래하는 것을 다 녹화하고 있습니다. 사찰의 법당에도 CCTV가 있어 법회하는 모습이 녹화가 됩니다. 이렇게 녹화가 되는 것이 업식입니다.

우리의 마음속에도 자신만의 CCTV가 있습니다. 이를 범어로는 아뢰야식阿賴耶識이라고 하는데, 번역하여 장식·함장식 또는 무몰식이라고 합니다.

'모든 업을 저장하고 있다, 갈무리되어 있다' 하여 장식藏識·함장식含藏識이라 하고, '잃어버림이 없다' 하여 무몰식無沒識이라고 합니다.

과거 전생부터 일어나는 모든 것을 눈으로 보고 귀로 들은 것이 다 저장이 되어 있다는 말입니다. 보고, 듣고, 말하고, 냄새 맡고, 생각하는 것이 이 장식藏識이라는 창고 속에 그대로 다 저장되어 있으며, 그것을 우리들은 꺼내 쓰고 있는 것입니다.

우리는 이 세상을 살아가면서 아는 만큼 생각하고 말하고, 행동합니다. 알지 못하면 흉내 낼 수도 없습니다. 그런데 그 알고 있는 것이 모두 금생에 보고 듣고 배운 것인가? 아닙니다. 무수한 과거생에 보고 듣고 배우고 경험한 모든 것들이 장식 속에 들어 있습니다.

지금 생각하고 말하고 행동하는 것을 현행現行이라 하고, 생각하고 말하고 행동한 것이 장식 속에 갈무리

되는 것을 훈습薰習이라고 합니다.

발원하고 기도하고 염불하고 열심히 사는 사람은 선행 공덕이 저장되며, 그렇지 못하고 나쁜 업식을 쌓고 살아가면 나쁜 업이 저장되는 것입니다. 이는 비행기의 블랙박스에 모든 비행 과정이 저장되는 것과 같습니다.

그리고 다시 이 장식 속에 갈무리되어 있던 것들이 생각으로 말로 행동으로 나타납니다. 그것이 인因(원인)이 되어 지금의 연緣(조건)과 합하여지면 지금 이 순간의 모습이 나타납니다. 얼굴색과 얼굴 표정으로 나타나고, 일의 성패로 나타나며, 복과 죄로도 나타납니다. 그대로 나타나므로 결과적으로 감출 수가 없습니다.

이것을 업이라고 합니다. 업감연기業感緣起라고 합니다.

사람은 누구나 생각을 정하고 나면 그 결정을 말과 행동으로 옮겨 업業을 만들게 되고, 그 업이 없어지지 않고 장식 속에 갈무리되어 있다가 조건(연)이 맞게 되면 과보를 불러일으켜 업을 받게 된다는 것이 업감연기입니다. 곧 인연의 힘을 업감연기라는 단어로 표현한 것입니다.

❀

부처님 당시, 사위성에 아들딸 잘 키우며 살고 있는 큰 부잣집이 있었습니다. 어느 날 부처님께서 탁발을 나갔다가, 그 집 부인의 모습이 바짝 야위어 있는 것을 보고 물었습니다.

"왜 이렇게 말랐느냐? 걱정이 있느냐?"

"남편이 바깥에서 술만 마시고 집에 오면 회초리로 마구 때린 다음 잠을 잡니다. 그리고는 아침이면 아무 일도 없었던 것처럼 아주 잘해줍니다. 그리고 또 술에 취하면 그런 일이 반복됩니다. 부처님, 이 고통을 언제까지 받으며 살아야 합니까?"

부처님께서는 부인에게 방편을 일러주었습니다.

"오늘 저녁에는 방 안의 물건을 모두 치워 버리고, 빗자루를 잘 보이는 곳에 세워 두어라."

부인이 빗자루를 벽에 세워 두었더니, 거나하게 취한 남편이 방에 들어서자마자 빗자루로 부인을 수십 차례

때렸습니다. 그리고는 빗자루를 내던지며 말했습니다.

"이제 원수 다 갚았다."

그 일이 있은 이후 남편은 부인에게 회초리를 들지 않았고, 지극정성으로 대했습니다.

얼마 뒤 부처님께서 다시 들렀을 때, 부인이 감사와 찬탄의 예배를 올리자 부처님께서 말씀하셨습니다.

"그것은 인과응보에 의한 것이었다. 전생에 너의 남편은 말이었고 너는 마부였었다. 마부인 네가 말에게 먹이를 주고 정성껏 보살펴주었지만, 말이 잘 움직이지 않을 때는 매로써 다스렸느니라. 그 과보로 전생의 말이 남편이 되어 술만 마시면 때린 것이요, 수백 가닥의 빗자루로 몇십 번 내리침으로써, 전생에 맞은 횟수에다 이자까지 더하여 모두 받아 낸 것이다."

§

이것이 업감연기요 인연력입니다. 세상을 살아가는 데는 원인과 조건에 의해 좋고 나쁜 일들이 일어납니다.

부부도 자식도 부모도 우연히 만나지는 것이 아닙니

다. 서로 갚아야 할 인연이 있어야 부모·자식의 관계를 맺게 되고, 부부도 오백생의 인연이 있어야 만난다고 합니다. 그리고 지어 놓은 업력에 따라 원수처럼 지내기도 하고 잉꼬부부가 되기도 하는 것입니다.

이 세상 모든 것은 인연의 소치입니다. 모두가 원인과 조건에 의해 만들어집니다.

인因은 씨앗이요 연緣은 조건입니다. 수승한 씨앗이 좋은 조건을 만나면 우수한 결실을 맺게 됩니다.

그러니 세상에 우연이란 없습니다. 모두가 인연론이며, 인과 연이 합하여져서 일어나는 인연소기因緣所起, 곧 연기론에 의해 생겨나고 멸할 뿐입니다.

이 얼마나 위대한 가르침입니까! 그러므로 불교를 과학적이며 합리적인 종교로 인정하고 있습니다. 그리고 우리는 복력이 있어, 이토록 지중한 부처님의 인연법을 배우고 행하며 살아가는 것입니다.

업보대로 받기만 해야 하는가

그런데 한 가지 의문이 있습니다. 그것은 이 인생살이에서 '지은 대로 받기만 하면서 살아야 하는가? 보다 잘 살 수는 없는가?' 하는 것입니다.

불자들은 잘 알고 있습니다. 업보중생業報衆生인 우리가 지은 업의 힘인 업력業力의 굴레 속에서 살아가고 있다는 것을! 내가 과거와 현재에 지은 좋고 나쁜 업의 힘이 행복과 불행, 기쁨과 고난의 삶을 전개시키는 원동력으로 작용을 하는 것을!

그런데 좋고 행복하고 즐겁고 기쁠 때는 누구도 고민을 하지 않습니다. 문제는 불행하고 나쁘고 슬프고 힘이 들 때입니다. 바로 이러한 때에 '어떻게 하여야 불행을 행복으로 돌려놓을 수 있는가?' 하는 것입니다.

나는 불행하고 고달픈 일이 닥쳐왔다며 걱정하는 사람들에게, '내가 지은 바이니 기꺼이 받겠다'는 자세로 살 것을 가르칩니다. 내가 지은 바를 기꺼이 받겠다고 할 때, 그 업을 녹일 수 있는 힘이 안에서 샘솟아 불행을 능히 극복할 수 있게 하기 때문입니다.

반대로 '나는 왜 이렇게 살아야 하는가? 싫다, 싫어' 하면서 현실의 괴로움과 어려움을 피하려 하거나 짜증을 부리게 되면 더 깊은 업의 결박 속으로 빠져들게 됩니다. 곧 다가선 업의 과보를 피하려 하고 받지 않으려 하면 더 큰 불행과 괴로움이 다가서게 되는 것입니다.

'어차피 받을 것! 기꺼이 받겠다'는 자세로 삶에 임하면 미래가 차츰 밝아지지만, 내 마음에 들지 않는다 하여 '싫어, 저리 가!'라는 자세로 살아가면 미래가 참으로 암담해집니다. 이를 인연법에 준하여 조금 더 자세히 이야기하겠습니다.

씨앗[因]을 뿌리지 않으면 열매[果]는 거둘 수 없는 법입니다. 그렇다면 지금 내가 거두어들이고 있는 열매는 무엇입니까? 내가 뿌려 놓은 씨앗의 결과입니다.

그렇다면 어떻게 해야 합니까? 그대로 받아들여야 합니다. 거울이 온갖 사물을 다 받아들이듯이, 지금 나에게 오는 인연을 있는 그대로 받아들여야 합니다. 좋은 인연이든 그릇된 인연이든 다 받아들여야 합니다.

행복이 오면 행복을 받아들이고, 불행이 오면 불행을 받아들여야 합니다. 행복은 좋은 것이니까 받아들이고, 불행은 좋지 않은 것이므로 거절해서는 안 됩니다. '돈은 좋은 것이므로 받아들이고, 똥은 역겨운 것이므로 받아들이지 않겠다'고 해서는 안 됩니다.

지금 받아야 할 것은 기꺼이 받아들여야 합니다. 거울이 마주한 사물을 받아들이듯이 그대로 받아들여야 합니다. 기꺼이 받아들이면 업이 저절로 녹아내릴 수 있는데, 나의 자존심과 행복만을 고집하면 더욱 궂은 업을 짓게 되고 맙니다.

이렇게 사는 동안은 행복과 평화는 나의 것이 될 수가 없습니다. 끝없는 윤회 속에서 한없는 괴로움을 짊어지고 살 수밖에 없는 것입니다. 하지만 '나'의 업을 긍정하고 기꺼이 받아들이면 능히 업장의 결박에서 벗어날 뿐 아니라 행복의 문이 새롭게 열립니다.

기꺼이 받는 삶! 현재 내가 처한 현실이 힘들고 괴롭더라도 '기꺼이 받겠다'는 마음가짐으로 참고 나아가면 나쁜 업이 더 빨리 소멸됩니다. 그야말로 '기꺼이 받겠다'는 자세가 '나'의 몸가짐과 말과 생각을 바꾸어놓고 업장을 녹이는 것입니다.

삶이나 일이나 업만이 아닙니다. 사람도 마찬가지입니다. 사이가 좋지 않은 남편과 아내, 참으로 잘 통하지 않는 자식과 부모, 껄끄러운 시어머니와 며느리로 있을 때에도, '밉다·싫다·헤어지자·벗어나자'는 생각을 돌려, '지금의 이 인연을 받아들이고 기꺼이 받겠다'고 작정하면, 서로의 관계가 예상외로 빨리 좋아집니다.

결코 받아들이는 것을 두려워하지 마십시오. 받아들이면 업이 녹게 되고, 받아들이고 나면 그 업이 비게 되고 공空이 됩니다. 반대로 내가 원하지 않고 나에게 맞지 않다고 하여 받아들이지 않게 되면, 더 복잡하고 더 어려운 나의 업을 만들어 계속 힘든 상황 속으로 빠져들 수밖에 없는 것입니다.

과와 인과 연이 함께하는 지금

꼭 명심하십시오. 내가 행복하거나 불행하거나 나의 '지금 이 자리'는 과果의 자리입니다. 과보를 받고 있기 때문에 괴롭기도 하고 즐겁기도 한 것입니다.

하지만 지금이 과보의 자리만은 아닙니다. 과보를 받음과 동시에 새로운 인因을 심는 자리입니다. 새로운 씨를 심는 자리입니다. 따라서, 과보를 받고 있는 지금 이 자리에서 어떠한 씨를 심느냐에 따라 미래에 거둘 결실이 달라집니다.

지금 콩을 심으면 많은 콩을 수확하게 되고, 지금 팥을 심으면 많은 팥을 거두게 됩니다. 지금 불행한 과보를 받고 있을지라도 '그래, 기꺼이 받자. 지금이 나를 바꿀 기회다. 기꺼이 받으며 행복의 씨를 심자'는 자세로 임하면 틀림없이 행복한 미래가 열리게 되는 것입니다.

또, 과果를 받으면서 새로운 인因을 심는 지금 이 자리는 동시에 연緣의 자리가 되기도 합니다. 이미 심어 놓은 과거의 여러 인因들이 발아를 하고 성장하는 데 영향을 미치는 조건과 환경[緣]이 되기도 하고, 앞으로 지을 업이나 앞으로 받게 될 과보들의 강도를 조절하는 연緣이 되기도 합니다.

곧 과거에 마음의 먹구름을 일으켜 아주 나쁜 인을 심고 업을 지었을지라도, 지금 바른 마음으로 바르게 실천하며 살고 있으면, 과거의 업이 비바람이 되어서 나에게 해를 끼치지 못합니다.

오히려 맑고 바른 지금의 삶으로 인해 마음의 하늘이 맑아져서 과거에 형성된 먹구름을 한쪽으로 밀쳐 놓기 때문에, 당장 비바람을 뿌릴 수도 나를 해칠 수도 없게 됩니다.

뿐만 아니라 먹구름과 비바람이 사라지면 맑은 하늘에 본래부터 있는 밝은 태양의 빛을 받아 나의 무대가

음지에서 양지로 바뀌고, 그 양지로 좋은 인연들이 모여들어 삶이 더욱 윤택해집니다.

그것도 단순히 어느 한 부분만 바뀌는 것이 아니라 모든 환경이 바뀝니다. 곧 지금 이 자리에서 내가 어떻게 하느냐에 따라 모든 연緣이 능히 바뀌는 것입니다.

실로 인연법으로 볼 때 영원한 것은 없습니다. 들어온 것은 나가게 되어 있고, 비워지면 채워지게 되어 있습니다. 그런데도 사람들은 한쪽만을 고집합니다.

머리가 가는 곳에 발이 가고 발이 가는 곳에 머리가 가는 것이건만, 머리만 생각하고 발은 잊고 사는 듯합니다. 많은 돈, 높은 자리, 큰 명예 등의 머리만을 좋아합니다. 불평 없이 묵묵히 나아가는 발이 되고자 하는 이가 드뭅니다.

그 결과로 오는 삶이 무엇입니까? 치열한 경쟁과 고달픈 현실입니다. 왜? 왜 그렇게 힘들게 살아갑니까? 내가 '나'에게 속아 살기 때문입니다.

이제부터 인연의 법칙 속에 나를 맡기고 지혜롭게 살아 보십시오. 맞지 않은 인연이 찾아오면 기꺼이 받아들이면서 참회를 하고, 모든 업의 인因인 '나의 마음'을 풀어야 합니다. 나의 마음이 얽힐 때 전체가 얽히고, 나의 마음이 풀릴 때 전체가 풀어집니다.

잊지 마십시오. 업장만 녹아내리면 행복은 우리 것이 됩니다. 욕심을 비우고 기꺼이 받으십시오. 기꺼이 받고자 할 때 모든 업이 풀립니다. 매사에 한 생각 바르게 가져 맺힌 것을 풀고, 푼 것을 더욱 좋은 인연으로 가꾸어야 합니다.

참된 삶, 복된 삶, 평화롭고 자유로운 삶! 그것은 우리의 마음가짐이 결정한다는 사실을 잊지 말아야 합니다. 마음을 잘 쓰면 행복이 찾아오고, 마음 한번 잘못 쓰면 불행한 삶이 찾아옵니다.

이렇게 인과를 믿어 마음을 잘 쓰면서, 내가 지은 업을 적극적으로 수용하고 서로를 살리며 살고자 할 때, 맺힌 인연의 매듭은 저절로 풀어지고 행복과 자유와 평화가 충만된 삶이 찾아듭니다.

이것이 부처님께서 강조하신 '자등명自燈明 법등명法燈明'의 가르침입니다.

'스스로를 등불로 삼고 스스로를 의지하며
법을 등불로 삼고 법을 의지하라.'

내가 젊었을 때 『한용운전집』을 보았더니, "하나님이
든지, 부처님이든지, 그 누구에게든지 의지하는 생각을
가져서는 안 된다"고 하는 구절이 적혀 있었습니다. 당
시에는 그 내용이 참 이해되지 않았는데, 지나고 보니
'자등명 법등명, 스스로를 등불로 삼고 법을 의지하라'
는 부처님의 가르침과 같은 뜻이었습니다.

"내 의지로 복 짓는 일을 스스로 하면 복을 받게 되고,
죄짓는 일을 스스로 하면 죄를 받게 된다. 부처님의 바
른 가르침인 진리를 등불로 삼아 진리를 믿고 의지하면
진리의 삶이 보장된다."

이 얼마나 명쾌하고도 좋은 가르침입니까? 부디 이
가르침을 적극적으로 믿어, 좋은 인연과 멋진 삶을 가
꾸어 가시기를 두 손 모아 축원 드립니다.

제 3 장
육도 윤회

막지 않는 저 천당에 가는 사람 적은 것은
탐진치심 번뇌로써 재물 삼기 때문이요
꾀임 없는 삼악도에 많은 사람 가는 것은
네 독사와 오욕으로 마음 보물 삼음일세

無防天堂 小往至者　무방천당 소왕지자
三毒煩惱 爲自家財　삼독번뇌 위자가재
無誘惡道 多往入者　무유악도 다왕입자
四蛇五欲 爲妄心寶　사사오욕 위망심보

윤회에 대한 통계 속의 현실

2014년 한국갤럽에서 조사한 종교를 믿는 '우리나라 신앙인의 윤회에 관한 통계'(현재로서는 2014년이 가장 최근임)를 보게 되었는데, 참으로 묘한 점이 있었습니다.

지난 20년 동안 윤회를 믿고 있는 불교인은 큰 변화가 없었으며, 그것도 과반수가 되지 않는 37~38% 정도였습니다. 또 30% 내외의 천주교인은 꾸준히 윤회를 믿고 있었습니다.

그런데 윤회를 절대적으로 부정하는 줄로 알고 있었던 개신교도들의 변화가 참으로 컸습니다. 2000년 전후에는 20% 초반으로 불교와의 차이가 12~15%였는데, 2014년 조사에서는 34%로 껑충 뛰어 무려 12~13%나 늘어나 있었습니다.

38%인 불교와 34%인 개신교! 이 수치에서 나는, 윤회에 대한 불교와 개신교도의 믿음이 거의 차이를 보이지 않고 있다는 것을 알 수 있었습니다.

불교와 개신교와는 윤회에 대한 생각이 엄청나게 클 줄 알았는데, 불과 4%의 차이밖에 보이지 않게 되었다니? 어찌 놀라지 않을 수 있겠습니까?

한때 성철스님께서는 '외국에서 발간된 윤회에 대한 책을 많이 번역하여 보급할 것'을 요청하였습니다. 그 까닭은 '윤회설이 자리를 잡게 되면 절대자의 심판론을 주장하며 윤회를 부정하는 기독교의 교리가 설 자리를 잃게 된다'는 데 있었습니다.

그러나 어떻습니까? 기독교인은 날이 갈수록 윤회설을 많이 믿고 있는데, 불자들의 믿음에는 별 변화가 없습니다. 이 어찌 통탄할 일이 아닙니까?

또 불교계의 한 언론매체에서 조사한 최근의 통계에 의하면, 우리나라 불자들 중 절반 정도는 윤회에 대해 믿음이 잘 서지 않는다고 하였고, 40%는 반신반의하였으며, 10% 정도만이 윤회를 확신한다고 하였습니다.

이 윤회를 확고히 믿지 않는 것은 불교 국가 중에서 우리나라가 가장 심한 편입니다. 태국·미얀마·티베트 등의 나라는 물론이요, 일본·중국 등에서도 윤회에 대한 믿음은 철저합니다. 그리고 힌두교 국가인 인도와 네팔 등지에서도 윤회와 업보를 확고히 믿고 있습니다.

이러한 문제들을 통감하게 되었기에, 짧으나마 불교의 윤회에 대해 함께 살펴보는 자리를 만들고자 합니다.

윤회를 믿고 있는가?

오늘은 어제를 이어받은 날이요 내일은 오늘의 연장입니다. 전생은 금생의 과거요 내생은 금생의 미래입니다. 많은 사람들이 어제를 돌아보고 내일을 기약하며 오늘을 살면서도, 전생을 생각하고 내생을 바라보며 지금 이 생을 살아가는 이는 흔치 않습니다.

왜 어제는 돌아볼 줄 알면서 전생은 묵살하고, 내일은 기약하면서도 내생은 잊고 사는 것일까? 그 까닭은 전생이 보이지 않기 때문이요, 지금 이 생에 대해 너무 집착하며 살고 있기 때문입니다.

현재의 이 생만을 느끼고 사는 사람들로서는, 보이지도 않고 느낄 수도 없는 전생이나 윤회가 쉽게 믿어지지 않는 것이 지극히 당연한 일인지도 모릅니다. 지금 눈앞의 일도 잘 믿어지지 않는데, 전생 이야기나 윤회 이야기가 제대로 믿어지겠습니까?

다행히 요즘 들어 이 윤회에 대한 불자들의 확신은 조금씩 강해지고 있습니다. 뿐만이 아닙니다. 윤회를 부정하는 기독교 문화권인 서구 사회에서도 많은 이들이 윤회를 믿고 있습니다. 기독교인이나 서양 사람들도 널리 믿고 있는 윤회.

윤회는 사바세계의 중생들이 지은 업에 따라 지옥·아귀·축생·아수라·인간·천상의 세계를 돌아다니는 것을 말합니다. 이 윤회를 불자인 우리는 확실히 믿어야 합니다.

나아가 이 윤회와 관련하여 꼭 새겨야 할 또 한 가지가 있습니다. 그것은 '사람이 죽으면 다음 생에도 사람으로 태어난다는 보장이 없다'는 것입니다.

'개는 죽으면 개가 되고 사람은 죽으면 사람이 된다'가 아닙니다. 사람이 죽어서 개가 되기도 하고, 고양이가 되기도 하며, 소나 뱀이 되기도 합니다. 지은 업에 따라 지옥·아귀·축생·아수라·인간·천인 중에서 한 길로 나아가게 됩니다. 또 소나 개도 그 업보가 다하면 능히 인간으로 태어날 수 있습니다.

이 육신의 옷을 벗고 난 다음에는 이 옷을 입었을 때 저지른 업에 따라 다음 생의 옷을 바꾸어 입을 뿐, 인간의 몸으로 죽었다고 해서 다음 생에도 인간의 옷을 입고 온다는 보장이 없습니다. 개의 옷, 돼지의 옷, 고양이의 옷으로 바꾸어 입는 경우가 다반사입니다.

그리고 인간의 몸을 받을지라도 현재와 같은 수준에서 산다는 보장도 없습니다. 남녀의 성별도 바뀌고 신분도 바뀌고 직업도 바뀝니다. 부자였던 이가 거지가 되기도 하고, 하인이 상전으로 바뀌기도 합니다.

잊지 마십시오. 내가 한 짓으로 말미암아 내가 당하게 됩니다. 그러므로 지금 우리의 눈으로 확인하지 못한다고 하여 눈에 보이지 않는 세계를 무시하며 살아서는 안 됩니다. '죽으면 그만이요, 이 세상 외의 다른 세상은 없다'는 생각으로 살아서는 안 됩니다.

지금 눈에 보이지 않고 감지할 수 없는 것이라 하여 그 세계가 존재하지 않는 것은 아닙니다. 분명히 있기 때문에 무시하여서는 안 됩니다. 때로는 눈에 보이지 않는 것이 오히려 더 크게 작용하여, 우리를 복되게도 하고 불행 속으로 빠뜨리기도 합니다.

꼭 기억하십시오. 보이는 것만큼이나 보이지 않는 것 또한 중요합니다. 우리가 전혀 상상도 하지 못하고 있는 그 세계가 지금의 '나'와 함께하고 있습니다.

죽은 다음에 간다는 지옥·아귀·축생계·천상 또한 마찬가지입니다. 평소에 마음을 잘 쓰고 실천을 잘하여 복을 쌓게 되면, 숨진 다음에 바로 천상 세계나 유복한 인간의 삶을 수용할 수 있습니다.

그러나 평소의 마음 쓰는 것이 잘못되었고 행실이 잘못되었으면, 숨진 다음 가시밭길이요 무서운 세계인 삼악도가 펼쳐지는 것입니다.

지옥·아귀·축생의 삼악도

그럼 육도윤회의 세계, 특히 가지 말아야 할 지옥·아귀·축생의 삼악도는 어떻게 만들어지고 어떠한 고통이 뒤따르는가? 먼저 **지옥**地獄부터 살펴봅시다.

도산지옥刀山地獄·화탕지옥火湯地獄을 위시로 한 수많은 지옥들은 염라대왕이나 조물주가 만든 것이 아닙니다. 탐욕과 분노와 어리석음의 삼독심三毒心으로 악질적인 업을 짓게 될 때 갖가지 지옥이 생겨납니다.

독사의 맹독이 점차 심장을 파고들어 생명을 앗아가듯이, 생전에 뿌려 놓은 악업의 씨앗이 자라나고 무르익어 죽을 무렵에는 완전한 열매를 맺게 됩니다. 그리하여 자신의 업에 맞는 지옥 속으로 빨려 들어갑니다.

그리고 『천수경』에 나오는 도산지옥은 바닥에 뾰족

한 칼날들이 솟아 있습니다. 도산지옥에 떨어지는 이는 그 칼날 위를 걷거나 눕거나 떨어지면서 계속 찔리고 베이는 고통을 받아야만 합니다

지글지글 끓는 화탕지옥이 생겨나는 까닭은 지나친 욕심, 특히 음욕심淫欲心 때문이라고 합니다. 뜨겁게 치솟는 욕정과 타오르는 음심으로 열이 걷잡을 수 없게 되면, 용광로보다 더 뜨거운 화탕지옥을 만들어 내어 죽을 틈도 없이 고통을 받게 된다는 것입니다.

이러한 지옥의 종류는 무수합니다. 독사지옥·한빙지옥·발설지옥·분뇨지옥·박피지옥 등등, 내가 지은 악업의 종류에 따라 각종 지옥이 다양하게 모습을 나타낼 뿐 아니라, 이 모든 지옥의 일생이 몹시 길다는 것을 잊어서는 안 됩니다. 지극히 무거운 악업 탓으로 그 지옥이 부서질 때까지 살아야 하는 이들도 있습니다.

하지만 지금, 나와 남의 삶을 파괴하거나 남의 생존을 가로막는 악업을 멈추고, 나의 이기심에서 비롯된 탐진치의 삼독심을 자비심으로 바꾸어 보십시오.

천 년 동안 어두웠던 방에 불을 밝히면 일순간에 어

둠이 사라지면서 환하게 밝아지듯이 즉시에 지옥이 광명세계로 바뀌게 되니, 이것이 지옥을 없애는 최선의 길입니다.

지옥보다 조금 괜찮다는 **아귀계餓鬼界**는 굶주리는 귀신들의 세계로, 탐욕과 재산에 대한 욕심을 지나치게 부린 대가로 태어납니다. 또 남의 보시를 방해한 이들도 아귀로 태어난다고 합니다.

거대한 입을 가지고 있는 아귀들은 눈앞에 산 같은 음식물과 바다만큼의 물이 있어도 먹을 수가 없습니다. 목구멍이 바늘구멍보다 가늘어서 음식물을 넘길 수 없기 때문입니다.

하지만 툭 튀어나온 배는 엄청나게 커서 언제나 배가 고프고, 몸매는 뼈가 불거져 나와 앙상하기 짝이 없습니다. 사람들은 목마르고 굶주리다 쇠약해져서 죽기라도 하지만, 아귀들은 악업이 다할 때까지 굶주림의 삶을 이어가야 합니다. 그리고 물은 불로 보여서 늘 목마름의 고통을 받고, 벌거벗은 몸에 비치는 햇볕과 달빛은 타는 듯한 고통을 줍니다.

　그럼 어떻게 하여야 아귀의 배를 불려주고 아귀의 몸을 벗게 할 수 있는가? 이기적인 욕심에서 벗어나도록 해주어야 합니다. 어떻게 하여야 아귀들이 이기적인 욕심을 벗을 수 있는가? 자기 입에 넣을 수 없는 긴 숟가락을 주었을 때, 음식물을 떠서 상대방의 입에 넣어주는 천인들처럼 마음을 넉넉하게 쓰면 됩니다.

　사찰에서는 스님들이 바루공양을 한 뒤 바루를 깨끗이 씻은 물을 아귀의 음식으로 제공하여 그들을 제도하는 풍습이 있습니다. 수행자의 자비심이 깃든 그 물만은 아귀들이 쉽게 마실 수가 있고, 그 물을 먹으면 아귀의 몸을 벗을 수 있다는 이유에서입니다.

　자비심에서 우러나오는 에너지는 능히 아귀의 배를 불려주고 아귀의 몸을 면하게 해줍니다. 왜냐하면, 넉넉하고 자비로운 마음이야말로 이기적인 욕심을 가라앉힐 수 있기 때문입니다.

　삼악도 중에서 가장 낮다는 **축생계畜生界**는 동물의 세계입니다. 눈에 보이지 않는 지옥·아귀·아수라와는 달리, 축생계는 우리의 눈으로 직접 볼 수 있기 때문에 그 고통을 쉽게 이해할 수 있습니다.

새와 짐승과 벌레와 물속의 동물을 통틀어서 축생이라 하는데, 이 축생들은 약육강식의 흐름 따라 쉽게 목숨을 잃습니다. 게다가 인간은 축생들에게 커다란 고통을 덧붙여 줍니다. 축생을 사정없이 때리고 죽이기를 예사로 합니다.

또, 축생들은 추위와 더위와 배고픔 등을 몸 하나로 견뎌야 합니다. 날아다니는 제비와 기러기가 자유로운 듯하지만, 그들은 살기에 적합한 환경을 찾아 봄가을로 수만 리를 이동합니다.

그럼 축생들의 부자유와 괴로움은 어디에서 비롯되는 것인가? 대부분이 삿된 마음가짐과 어리석음인 치심癡心에서 비롯된다고 하며, 티베트불교에서는 게으른 삶과 바람직하지 않은 성행위를 축생으로 태어나는 주된 원인으로 보고 있습니다. 곧 지혜롭지 못하기 때문에 축생으로 태어난다는 것입니다.

아수라 · 인간 · 천상의 세계

아수라阿修羅는 네 종류로 분류합니다.

　① 귀신 세계에 속해 있는 아수라

　② 인간계에 있는 아수라

　③ 공기 중에서 놀고 물속에서 자는 아수라

　④ 하늘에 사는 아수라

이 넷 중에서 불경에 자주 등장하는 아수라는 ④ 번으로, 아수라왕이 이들을 다스리고 있습니다. 아수라왕은 얼굴이 셋에 팔이 여섯으로, 힘이 매우 세고 두려움이 없으며, 신통력이 뛰어나 제석천 · 대범천왕과도 패권을 다툰다고 합니다.

이들 아수라의 공통점은 다소의 지혜가 있기는 하지만 싸우기를 좋아한다는 것입니다. 우리가 일상생활에서 쓰는 '수라장이로구나', '마치 아수라장 같다'는 말에서도 알 수 있듯이, 아수라의 투쟁심과 악한 마음은 그칠 사이가 없습니다.

이 투쟁과 악행은 어디에서 비롯되는가?

모두가 나의 교만과 아상我相의 산물일 뿐입니다. 나에게 거슬리고 내 뜻과 같지 않다는 이유로, 또 남 위에 군림하겠다는 아만심 때문에 싸울 뿐입니다.

따라서 내 속에서 일어나는 악한 마음과 투쟁심에 실체가 없다는 것을 꿰뚫어 보고, 마음을 가라앉혀 자비와 화합의 미소를 짓게 되면, 아수라가 될 업보는 저절로 사라집니다.

천상계天上界는 천당·하늘나라·천국이라고도 칭합니다. 천당은 우리 민족이 예로부터 아주 즐겨 썼던 언어 가운데 하나이며, 지구상의 모든 이들도 천당에 태어나기를 염원하며 살아 왔습니다. 곧 천당에 태어나 풍족

함과 즐거움을 누리며 살고자 하였던 것입니다.

그러나 불교에서는 즐거움으로 충만되어 있는 천당도 윤회의 수레바퀴를 벗어나지는 못한다고 보았습니다.

곧, 천당에 태어날 공덕과 복을 지으면 그곳에 태어나 쾌락을 누리며 행복하게 살아가지만, 너무나 즐거워서 도를 닦을 생각도 하지 못하고, 복과 공덕이 다하게 되면 다시 인간이나 아수라 등의 세계로 이동하게 된다는 것입니다.

이것이 불교의 열반 또는 정토와 천당의 차이점입니다.

그러므로 부처님께서는 천당과 열반의 경지가 전혀 별개라는 것을 설하신 다음, 제자들에게 "천당에 태어나기를 바라지 말라"고 가르쳤습니다.

그럼 지옥·아귀·축생·아수라·인간·천상 등의 육도 중에서 가장 높은 곳에 있고 가장 살기 좋은 이 천상에 태어나는 것은 쉬운 일일까? 어려운 일일까?

원효대사는 『발심수행장』에서 '막지 않는 저 천당'이

라 하였습니다. 막지 않으니 누구나 쉽게 갈 수 있지 않겠습니까? 그런데 실제로는 '쉽게 가지 못한다'고 하였습니다.

왜 쉽게 가지 못하는가? 그 이유는 '탐진치심이라는 삼독번뇌를 나의 재물로 삼기 때문'이라는 것입니다. 꼭 유념해야 할 가르침입니다.

마지막으로 **인간계**人間界는 사바세계에 있습니다.

약육강식의 이 사바세계에서는 서로 먹고 먹히며 살아갑니다. 육지만이 아니라 바다에서도 하늘에서도 서열이 있고, 그 서열을 따라 살아남기 위해 엄청난 노력을 하고 있습니다.

이곳에서 사람들은 어떻게 살아갑니까? 머리를 써서 지혜롭게 살고자 하며, 이 지혜 때문에 힘이 센 황소나 코끼리가 사람에게 부림을 당하고 살아갑니다.

지혜. 만약 인간에게 나쁜 업과 삼독번뇌를 다스릴 수 있는 지혜가 없다면, 어찌 힘이 센 동물들을 이길 수 있으며 만물의 영장이 될 수 있었겠습니까?

인간의 몸을 받았을 때

하지만 인간의 삶은 고락상반苦樂相半입니다. 괴로움과 즐거움이 반반입니다. 행복과 불행이 반반이기 때문에 천인들처럼 늘 즐겁게 살 수가 없고, 괴로움과 불행이 깃들기 때문에 이 괴로움과 불행을 해탈하겠다는 마음을 일으키게 됩니다.

천상에 태어나면 너무 즐거워서 도를 닦지 않게 되고, 삼악도에 나면 너무 괴로워서 도를 닦을 수 없습니다. 그러므로 사람으로 태어났을 때라야 불법(진리)을 잘 닦을 수 있다고 합니다.

복을 많이 닦는 사람, 공부를 많이 한 지혜 있는 사람은 자기가 짓고 닦은 만큼 다음 생의 몸을 자유롭게 받을 수 있습니다.

업業을 따라 태어나지 않고 원願을 따라 자유자재로 태어날 수 있습니다.

죽어도 죽지 않는 이치를 깨닫고, 다음 생에는 어떤 몸을 받아 태어날 것인지를 생각해 본다면, 이 인간의 몸을 받았을 때 얼마든지 수승한 결과를 만들어 낼 수가 있습니다.

❀

중국에 양명학의 창시자인 왕양명王陽明(1472~1528?)이라는 분이 있었습니다. 본명은 왕수인王守仁입니다.

'인간에게는 아는 것이 있고 행하는 능력이 있다. 그러나 제아무리 많이 알아도 실천하지 않으면 소용이 없으며, 아는 것과 행하는 것은 하나로 합일되어야 한다.'

이 지행합일론知行合一論을 주창하신 분이 왕양명, 곧 왕수인입니다.

왕수인의 어머니는 하늘의 천녀들이 날개옷을 입고 내려와 옥동자를 품에 안겨주는 태몽을 꾸었는데, 과

연 한 가지를 가르쳐주면 열 가지를 알 정도로 총명하고 특출한 아이였습니다.

왕수인은 대학자로 이름을 날릴 즈음 금산사라는 절에 가게 되었습니다. 분명 초행길이었건만 많이 다녔던 길처럼 느껴졌습니다.

절에 도착하여 스님의 안내를 받으며 법당을 참배하였는데, 많은 법당 중 한 법당만 굳게 닫혀 있었습니다. 왕수인은 그 까닭을 물었습니다.

"약 50년 전의 일입니다. 이 금산사를 창건하신 금산 스님께서 점심 공양을 드신 후, 각 법당을 두루 참배한 다음 이 법당으로 들어가시면서 당부하셨습니다.

'내가 이 법당에 들어간 이후에는 법당문을 열려 하지 말아라.'

그날 이후 50년 동안 문을 열지도 않았고, 모르는 누군가가 열려고 하여도 문이 열리지 않았답니다."

그 말을 들은 왕수인은 거침없이 법당문을 당겼습니다. 그러자 문이 활짝 열렸고, 법당 안에는 가사장삼을 입은 스님 한 분이 등신불(미라)이 되어 앉아 계셨으며,

법당 벽에 게송이 적혀 있었습니다.

　　오십 년 전의 왕수인이여

　　문을 연 사람이 문을 닫은 이로다

　　정령이 떨어졌다가 다시 돌아왔으니

　　선문의 무너지지 않는 몸을 믿을지니라

　　　　오십년전왕수인　　개문인시폐문인
　　　　五十年前王守仁　　開門人是閉門人

　　　　정령박락환귀복　　시신선문불괴신
　　　　精靈剝落還歸復　　始信禪門不壞身

　이 글귀를 본 대중들은 50년 전의 금산대사가 왕수
인으로 다시 태어났다는 것과, 공부를 많이 하면 업業
이 아니라 원願을 따라 태어날 수 있다는 것을 확신하
게 되었습니다.

❧

　이러한 전생 증명의 이야기는 중국·한국만이 아니라,
전 세계에 걸쳐서 엄청나게 많이 전해지고 있습니다.
　그리고 참으로 중요한 것은 이 금산스님처럼 윤회를

확실히 믿고 윤회의 이론을 긍정적으로 펼쳐야 한다는 것입니다.

복을 쌓고 덕을 베풀면 내생이 내가 뜻한 바와 같이 변화하여 나타납니다. 성취가 있고 행복이 있고 평화로움이 넘쳐나게 됩니다.

꼭 내생만을 논할 것도 아닙니다. 살아생전의 어느 날, 또 앞으로의 얼마 후에도 얼마든지 향상된 자리에 서 있을 수 있습니다.

윤회를 믿으십시오. 믿든 안 믿든 나의 업은 업대로 전개됩니다. 윤회의 세계가 업 따라 펼쳐집니다. 언제나 해가 동쪽에서 솟아올라 서쪽으로 넘어가듯이….

지금 우리의 눈에 보이지 않기 때문에 윤회와 내생에 대한 믿음이 분명하지 않겠지만, 믿는다고 하여 손해 볼 것은 없습니다. 믿으면 오히려 편안해지고 바르게 노력할 수 있습니다.

보이는 세계와 보이지 않는 세계가 늘 함께하고 있다는 것. 이것은 대우주의 섭리입니다.

그러므로 보이는 것만을 좇아가지 마십시오. 보이지

않는 세계를 바라보고 생각하면서, 복을 짓고 복을 쌓아 가야 합니다.

윤회와 인과를 철저히 믿고 향상의 원을 세워, '내가 지은 업을 기꺼이 받겠다'는 자세로 살면서 복을 지어 나가면, 우리는 나날이 나날이 행복해지고 세세생생을 행복하게 살다가, 마침내는 부처님과 같은 대해탈을 이룰 수 있게 됩니다.

부디 윤회에 대해 사색을 하고 굳건한 믿음을 가져서, 좋은 앞날과 좋은 세상을 만들어 가시기를 두 손 모아 축원 드립니다.

나무아미타불

제4장

행복과 불교

편안히 분수대로 만족할 줄 알라
욕심이 크지 않으면 쾌락해지고
만족할 줄 알면 그것이 부귀이니
청빈 속에서 편히 머물지니라

安分知足　안분지족

小欲快樂　소유쾌락

知足富貴　지족부귀

安住淸貧　안주청빈

누가 행복한 사람인가

"육지를 뛰어다니는 당나귀와 물속을 헤엄치는 물고기가 완전히 다른 듯하지만 같은 점이 있다. 무엇이 같은가? 나무에 오르지 못한다는 것이다.

육지에서 마음껏 뛰어다니는 당나귀가 나무에 오르는 것을 보았는가? 물속을 누비는 물고기가 나무에 오르는 것을 보았는가?"

이는 한 서양 학자의 이론입니다. 이 학자의 말이 궤변처럼 황당하게 느껴질 수도 있지만, 세상의 많은 생명체들에게는 이런저런 공통점이 있기 마련입니다.

그럼 모든 생명체가 지니고 있는 가장 큰 공통점은 무엇인가?

고통 없이 잘 살고자 하는 것입니다. 인간도 마찬가지입니다. 괴로움 없이 잘 살았으면 합니다. 불교·기독교·천주교 등, 믿는 종교가 다를지라도 목표는 모두 같습니다. 괴로움을 벗어나 행복하게 살고, 행복한 곳으로 가는 것을 목표로 삼고 있습니다.

이 지구상의 모두가 추구하는 것은 행복한 삶. 그러나 괴로움 없는 천국의 마음, 극락의 마음으로 살아가는 사람은 거의 없습니다.

인간은 누구나 고통을 안고 태어납니다. 동서고금을 막론하고 울면서 태어나는 것은 결코 다를 바가 없습니다. 또 나면 반드시 늙게 되고 늙으면 병들게 되며 마침내는 죽음을 맞이하게 됩니다.

부처님께서는 태자의 몸으로 이 세상에 오셨다가 생로병사生老病死의 괴로움을 접하게 되었는데, 이 생로병사의 문제만은 왕자의 신분이라 할지라도 어찌할 수 없다는 것을 알았습니다.

그리하여 6년 동안 고행을 하셨고, 마침내 생로병사의 괴로움을 떠나 평화롭고 행복하게 사는 방법을 찾아내시어, 49년 동안 수많은 법문을 남겼습니다.

부처님께서는 우리의 현실을 일체개고—切皆苦라고 가르쳤습니다. 태어나고〔生〕 늙고〔老〕 병들고〔病〕 죽는 것〔死〕이 괴로움이요, 만나고, 헤어지고, 구하지 못하고, 살아가는 것 자체가 괴로움이라고 하셨습니다.

그리고 우리더러 일체개고—切皆苦를 분명히 알아야 한다고 가르쳤습니다.

괴로움이 끊임없이 이어지는 인생! 과연 이 사바세계를 사는 중생들 가운데 괴로움 없이 살아가는 존재가 있습니까? 행복의 실체가 무엇인지를 제대로 아는 이가 있습니까? 과연 행복이라는 것이 있기나 한 것입니까?

❀

적당한 재산에 배우자와 아들딸이 있는 사람이 있었습니다. 남들은 그를 향해 '행복한 사람'이라고 하였지만, 정작 본인은 행복하지가 않았습니다.

'과연 어떤 이가 행복한 사람인가? 행복하려면 무엇

을 갖추어야 하는가?'

아무리 생각해 보아도 알 수가 없었으므로 지나가는 행인을 붙잡고 물었습니다.

"어떤 이가 행복한 사람일까요?"

"돈 많은 사람. 많은 돈으로 필요한 무엇이든 가질 수 있으니 행복하겠지요."

그럴듯하다 싶어 큰 부자를 찾아가 물었습니다.

"돈 많은 분이니 행복하시겠지요?"

"나는 젊어서부터 알뜰살뜰 노력해서 많은 돈을 모았는데, 그 돈을 잘 쓰기는커녕 지키기가 여간 힘들지 않습니다. 누가 훔쳐가면 어떡하나? 돈이 줄어들면 어떡하나? 이런 걱정이 끊이지 않는 내가 어찌 행복한 사람이겠습니까? 나보다야 높은 관직에 있는 사람이 행복하겠지요."

하여 그는 고관대작을 찾아가서 물었습니다.

"높은 관직에 있는 이를 사람들은 많이 부러워합니다. 당신은 행복하시겠지요?"

"나는 조금도 행복을 느끼지 못합니다. 어렸을 적부

터 공부를 열심히 하여 관직을 얻었고 열심히 노력하여 높은 자리에까지 오르게 되었지만, 이 자리를 유지하기란 보통 어려운 일이 아닙니다. 무슨 일이 일어날지, 언제 이 자리를 떠나야 할지 알 수가 없어 항상 불안합니다."

"그럼 누가 행복할까요?"

"아름다운 부인과 사는 이가 행복하지 않을까요?"

그는 절세미인과 사는 이를 찾아가 물었습니다.

"아름다운 부인과 평생을 함께 살고 있으니 정말 행복하시겠습니다."

그러자 남자는 한숨을 푹 쉬며 힘없이 말했습니다.

"내가 많은 구혼자를 물리치고 예쁜 아내를 얻었지만, 살아 보니 보통 어려운 일이 아니더군요. 자신의 미모를 과신하고 있는 아내의 자존심과 자만심. 그것이 얼마나 센지 아십니까? 때로는 나를 우습게 보기까지 하니…. 더욱이 다른 남자들이 아내에게 추파를 던지는 것을 보는 제 마음은 어떻겠습니까?"

"돈 많은 사람도, 벼슬이 높은 사람도, 미인 부인과

사는 사람도 행복하지 않다고 하니…. 과연 어떤 이가 행복할까요?"

"돈 없고, 벼슬 없고, 처자 없이 산중에 사는 수행자가 가장 행복하지 않을까요?"

그는 스님을 찾아가 행복한지를 물었습니다.

"그렇습니다. 돈·명예·부인에 대한 걱정이 없다는 점에서는 내가 가장 행복한 사람이겠군요. 하지만 나에게도 걱정이 없지가 않습니다. 도를 성취해야 하는데 도 이루기가 쉽지 않으니 참으로 걱정이요, 산중에 살고 있어 적적하고 외로운 것도 문제입니다. 걱정과 문제가 있는 나를 어찌 행복한 사람이라 할 수 있겠습니까?"

❧

이 스님의 말씀 속에 행복의 답이 있습니다. 지금 근심걱정 없고 문제가 없으면 그가 바로 행복한 사람입니다. 마음 편안한 이가 행복한 사람입니다.

만족 속의 행복

그렇다면 우리는 어떻게 살아야 하는가? 어떻게 살아야 편안한 마음을 유지할 수 있고, 행복과 자유를 누리며 살 수 있는가?

방법은 참으로 간단합니다. 애착을 비우고 소유욕을 비우는 것입니다. 처음부터 쉽게 되지는 않겠지만 조금씩 조금씩 무소유無所有의 정신을 기르고, 구하는 바 없는 행을 실천하며 살아가면 행복해질 수 있습니다.

인간의 모든 괴로움은 '나의 것'으로 만들려는 생각에서부터 시작됩니다. 곧 능력 이상으로, 필요 이상으로 구求하고 소유하려 하면 괴로움이 뒤따르는 것입니다.

하지만 우리는 끊임없이 구하고 더욱 많이 소유하고자 합니다. 마음에 들면 사람도 내 사람이 되었으면 하고, 물질도 나의 것이 되기를 원합니다. 그러므로 자연히 모든 것을 내 쪽으로 끌어당기게 됩니다.

사업을 예로 들어 봅시다. 사업을 하는 이는 무엇보다 자기 능력에 맞추어서 해야 합니다. 의욕을 앞세우고 욕심을 앞세우면 안 됩니다. 왜?

사업 성공의 욕구는 나에게만 있는 것이 아닙니다. 다른 사람에게도 있습니다. 따라서 다른 사람도 내가 원하는 것을 잡아당깁니다. 이렇게 양쪽에서 서로 잡아당기면 경쟁심이 불붙고, 경쟁을 하다가 이기면 승리했다고 뽐내게 되며, 지게 되면 실망과 패배감에 젖어 괴로워하는 것입니다.

이 괴로움을 벗어나려면 경쟁을 멈추어야 하고, 경쟁을 멈추고자 하면 잡아당기던 줄을 놓아 버려야 합니다. 놓아 버리고 능력껏 살면 편안해집니다.

형편대로 인연에 맞추어 살아갈 뿐, 욕심으로 무리하게 살아서는 안 됩니다. 무리하게 살기 때문에 극단으로 치닫는 부작용이 생기고, 부작용이 생기면 괴롭지 않을 수 없습니다.

그러므로 행복을 별다른 데서 찾으면 안 됩니다. 특히 탐욕 속에서 찾으면 안 됩니다. 내 마음대로 하고, 뜻하는 대로 다 이루는 것을 행복의 척도로 삼고 있으면 결코 행복한 사람이 될 수 없습니다.

모든 것은 인과응보요 과거 전생의 업연 따라 될 뿐입니다. 생각대로라면 못 이룰 일이 없겠지만 현실은 그렇지 않습니다. 욕심과는 전혀 달리 나아갑니다. 이 일 저 일을 기웃거리지만 뜻과 같이 되지를 않습니다.

돈벌이가 될 일이라고 하면 너도 나도 달려들지만 많은 돈을 번 사람은 과연 몇이며, 명예를 얻고자 하는 이는 많지만 후세에까지 길이 명예로운 이름을 남긴 사람은 몇이며, 권좌에 오르고자 하지만 절대적인 권력을 누린 자가 몇이나 있었습니까?

조그마한 틈만 있으면 눈길을 돌려 망상·공상을 하고, 욕심 따라 구하고 소유하고 이루고자 하지만, 결과는 전혀 엉뚱한 데로 귀착하는 경우가 허다합니다.

반대로 지혜롭게 사는 사람은 누구든지 분수를 따라 먹고 살게 되어 있다는 이치를 잘 알고 있습니다. 아등바등 산다고 하여 더 잘 살 수 있는 것도 아니요 더 행복해질 수 있는 것도 아니라는 것을 잘 알고 있습니다.

하늘은 먹을 것 없는 이를 내어놓는 법이 없고
땅은 이름 없는 풀을 자라나게 하지 않는다

천불생무록지인　지부장무명지초
天不生無祿之人　地不長無名之草

　지혜로운 사람…. 지혜롭다는 것이 무엇입니까? 한 생각 잘 돌이켜서 탐욕과 집착을 벗어버리는 것이 지혜입니다. 흔히 말하는 부자들은 세상 돈을 모두 나의 것으로 만들어도 만족하지 못하지만, 지혜로운 사람은 '먹고 쓰고 남은 것은 다 남의 것'이라고 생각합니다.

　먹을 만큼 먹고 쓸 만큼 쓸 뿐인데, 더 이상 탐착할 까닭이 무엇입니까?

　행복이란 결코 아등바등하는 사람에게 오는 것이 아닙니다. 분수에 만족하며 마음을 편안히 하고 있으면 행복은 저절로 다가옵니다. 자유도 마찬가지요 부귀

또한 마찬가지입니다. 나에게 필요한 것은 꼭 나에게로 오게끔 되어 있습니다.

참으로 행복하고 자유롭고 부귀를 누리고자 한다면, 만족할 줄 아는 지족知足을 배우며 현실의 삶 속에서 마음을 편안하게 가져야 합니다. 마음을 평안하게 하여 탐욕과 집착을 버리고 본문을 지키며 살면, 꼭 필요하고 좋은 것들은 저절로 찾아듭니다.

✿

중국의 조과도림鳥窠道林선사는 날씨가 맑은 날이면 높은 나무 꼭대기에 앉아 참선을 했습니다. 항주의 자사로 부임한 백낙천白樂天은 스님의 명성을 듣고 찾아갔다가, 스님께서 나무 꼭대기에 앉아 꾸벅꾸벅 졸고 있는 것을 보고 소리쳤습니다.

"앗, 위험하다. 위험해."

그러자 도림선사가 맞고함을 쳤습니다.

"앗, 위험하다. 위험해."

"저야 두 다리로 대지를 버티고 서 있는데 위험할 리

가 있습니까?"

반문하는 백낙천에게 스님은 힘주어 말했습니다.

"한 생각 일어나고 한 생각 꺼지는 것이 생사生死요, 한 번 숨을 내쉬고 한 번 숨을 들이쉬는 것이 생사이다. 생사의 호흡지간에서 번뇌망상에 빠져 사는 이가 그대인데, 땅 위에 서 있은들 위태롭지 않겠느냐?"

백낙천은 스님의 도력道力에 놀라 공손히 절을 올리고 가르침을 청했습니다.

§

나무 위 도림선사의 말씀처럼, 발바닥이 땅에 붙어 있다 하여 편안해지는 것이 아닙니다. 마음이 제자리에 있지 못한 채 흔들리고 있으면 편안할 수 없습니다. 내 마음의 흔들림은 나만 불안하게 하는 것이 아니라, 내 가정과 사회에까지 불평과 불만과 불행을 가져다줍니다.

실로 마음이 흔들리고 방황하면 번뇌가 쑥대밭처럼 일어나 괴롭지만, 마음에 흔들림이 없으면 편안해지고,

편안해지면 행복이 깃들게 됩니다.

특별한 행복을 찾지 마십시오. 밥 잘 먹는 것이 행복이요, 대·소변 잘 보는 것이 행복이요, 이 몸뚱어리 잘 끌고 다니는 것이 행복입니다.

불편하지 않고 괴롭지 않으면 그것이 행복입니다. 큰 근심걱정이 없으면 그것이 행복입니다.

지족知足! 만족할 줄 알면서 살아 보십시오. 행복과 불행은 마음 만족도입니다.

행복과 불행은 멀리 있는 것이 아닙니다. 물질의 소유 정도에 달려 있는 것이 아닙니다. 소득이 아무리 많다 할지라도 만족하지 않으면 불행하고, 적게 가졌다 할지라도 만족할 줄 알면 행복한 삶이 됩니다.

경제적으로 풍요롭지 못하고 자연 환경이 척박한 부탄·미얀마·라오스 국민들의 행복지수가 높은 까닭이 무엇일까요? 그것은 그들의 마음 만족도입니다. 자신이 처한 자리에 만족스러워하느냐, 불만족스러워하느냐에 달려 있는 것입니다.

긍정적인 마음과 행복

부디 긍정적으로 살아가십시오. 긍정적인 마음으로 만족하며 살면 편안하고 행복해집니다. 복이 가득해집니다. 우리가 잘 알고 있는 '새옹지마塞翁之馬(변방에 사는 노인과 말)'의 고사는 긍정적으로 살 것을 일깨우는 대표적인 이야기입니다.

❀

중국 국경 지방에 한 노인이 살고 있었는데, 어느 날 노인이 기르던 말이 국경을 넘어 오랑캐 땅으로 도망을 쳤습니다. 국경 지방에서는 말이 큰 재산이었으므로, '말을 잃었으니 낙심이 크겠다'고 생각한 이웃 주민들이 위로의 말을 전했습니다. 그러자 노인은 태연자약하게 말했습니다.

"걱정할 것 없습니다. 이 일이 복이 될지 누가 압니까?"

그로부터 몇 달이 지난 어느 날, 도망쳤던 말이 암말 한 필과 함께 돌아왔습니다. 주민들은 축하를 해주었습니다.

"노인께서 말씀하신 대로 되었네요."

그러나 노인은 기쁜 내색을 하지 않았습니다.

"이게 화가 될지 누가 압니까?"

며칠 후 노인의 아들은 그 말을 타다가 떨어져 다리가 부러졌습니다. 이에 마을 사람들이 다시 위로를 하자, 노인은 여전히 표정을 바꾸지 않고 말했습니다.

"이게 복이 될지도 모르는 일이지요."

그로부터 얼마 지나지 않아 북방 오랑캐가 침략해 왔습니다. 나라에서 징집령을 내려 젊은이들 모두가 전장에 나가게 되었지만, 노인의 아들은 다리가 부러진 까닭에 징집을 면하였습니다.

우리가 사는 것도 마찬가지입니다. 새옹지마와 같은 일이 수없이 많습니다. 행과 불행이 언제나 돌고 돕니다. 행운과 불행은 누구에게나 찾아듭니다. 그리고 어떠한 행과 불행도 반드시 지나가게 되어 있습니다.

그러므로 우리는 인생을 긍정적으로 살아야 합니다. 긍정적인 마음으로 살면 나의 앞날이 긍정적으로 바뀌게 됩니다.

긍정적인 마음으로 살고 치우침 없이 기도하는 마음으로 살면, 반드시 불보살님이나 호법신중들이 우리를 최선을 길로 인도하고 행복의 문을 열어줍니다.

그런데 어떻습니까? 대부분의 사람들은 부정적으로 살아갑니다. 원망을 많이 하고, 핑계 찾기를 좋아합니다. 나에게 조금만 거슬리고 맞지 않으면 싫어합니다. 그리고 맞고 좋은 것을 가지지 못하고 얻지 못하면 스스로를 불행하게 여깁니다. 또 나에게 맞지 않고 싫은 것이 다가오면 거부감부터 일으킵니다.

왜 이렇게 되는 것일까요? 모두가 자기중심에 빠지고

이기심에 빠져 살기 때문입니다. 나를 기준으로 삼아 '좋다·나쁘다, 괴롭다·즐겁다, 사랑한다·미워한다, 행복하다·불행하다'를 외치고 있기 때문입니다.

진실로 행복해지려면, 나를 중심에 두고 만들어 낸 생각들 속으로 빠져들어가서는 안 됩니다. 내 이기심을 기준으로 삼아 좋고 나쁜 것, 괴롭고 즐거운 것, 사랑과 미움, 행복과 불행을 판단해서는 안 됩니다. 그리고 그 판단으로 스스로를 흔들어서는 안 됩니다. 특히 부정적인 판단 속에서 스스로를 괴롭히면 안 됩니다.

'불보살님은 가장 바르고 훌륭한 쪽으로 인도한다.'

'호법신들은 우리를 늘 좋은 방향으로 인도한다.'

이러한 믿음을 갖고 긍정적인 마음으로 좋고 나쁨, 괴로움과 즐거움 등을 내려놓고 살게 되면〔捨〕, 괴로움을 벗어나는 해탈을 이룰 수 있게 됩니다. 상대적인 즐거움이나 상대적인 행복이 아니라, 진정한 자유와 진정한 행복을 누릴 수 있게 되는 것입니다.

삶에서 어떤 일에 부딪혔을 때, 특히 어려움에 부딪혔을 때 스스로를 크게 한번 믿어 보십시오.

‘이 세상에서 가장 아름다운 믿음은 나에 대한 긍정적인 믿음’입니다.

내 인생에 대한 긍정적인 믿음을 가지고 열심히 살아가고 즐기면서 일하면 반드시 아름다운 결과가 도래하게 됩니다.

지금 한국불교계의 가장 유명한 법사인 종범스님은 나와 강원 시절에 함께 공부한 도반입니다. 종범스님은 한시도 책에서 눈을 떼는 법이 없었습니다. 염불하는 사이에도 늘 책을 보았습니다. 이렇게 열심히 하였으니 이 시대 최고의 스님으로 칭송받고 있는 것이 아니겠습니까?

나 또한 선방에서 정진하던 때와 직지사 강원 시절에 가장 열심히 공부했습니다. 직지사에서 경을 보던 시절에는 밖이 아무리 소란스러워도 그 소리가 들리지 않을 만큼 경전공부에 몰두했습니다.

그리고 조계종 초대 교육원장의 소임을 맡았을 때, ‘종단 교육의 기반을 닦는다’는 것에 큰 보람을 느껴, 참으로 즐겁게 열심히 일했습니다.

누구든지 긍정적으로 생각하면서 열심히 공부하고 즐기면서 일하는 사람에게는 반드시 아름다운 결과가 찾아듭니다. 그의 원願은 반드시 성취됩니다.

부디 탐욕과 집착을 버리고 쓸데없는 근심걱정을 내려놓으십시오. 그리고 스스로 만족할 줄 아는 삶, 긍정적인 삶을 살아가십시오. 스스로의 믿음을 '다 잘 될 것'이라는 데로 던져, 능력껏 열심히 살아가십시오.

틀림없이 괴로움을 벗고 행복이 가득한 자리에 편안히 앉을 수 있게 될 것입니다. 그날까지 힘차게 나아가시기를 두 손 모아 당부드립니다.

나무아미타불

제 5 장

복
짓는
법

은하수를 맴돌며 점점 둥글어진 달이
밝은 얼굴 잔잔한 빛으로 대천세계 비추네
팔 이어 잡은 원숭이들 물속 달 건지려 하나
달은 본래 하늘에서 떨어지지 않은 것을

月磨銀漢轉成圓 월마은한전성원

素面敍光照大千 소면서광조대천

連臂山山空捉影 연비산산공착영

孤輪本不落靑天 고륜본불락청천

착한 삶이 복 짓는 삶

이 게송은 통도사 대웅전 주련에 새겨져 있는데, 다음과 같은 설화가 깃들어 있습니다.

❀

둥근 보름달이 계곡물에 훤히 비치고 있던 어느 날, 원숭이들이 나뭇가지에서 뛰어다니며 놀고 있었습니다. 원숭이들은 아래쪽의 계곡에 비친 둥근 달이 큰 떡처럼 보였습니다.

"맛있게 생긴 저 떡을 건져 부처님께 공양을 올리자."

나뭇가지에서 팔을 뻗어 물속의 떡을 건지려 하였지만 팔이 닿지 않았습니다. 그러자 다른 원숭이가 와서 팔을 잡아주었고, 또 다른 원숭이가 와서 팔을 잡아주었습니다. 마침내 오백 마리 원숭이가 모두 팔을 이어 잡았는데, 나뭇가지를 잡고 있던 원숭이가 힘에 부쳐 손을 놓아 버리고 말았습니다.

하늘에 있을 뿐 물속에는 있지 않은 달. 그런데 원숭이들은 부처님께 공양을 올린다는 마음 하나로 그 훤한 달을 건지려 하다가 모두 물에 빠져 죽은 것입니다.

착한 마음을 지녔던 이 원숭이들은 다음 생에 인간으로 환생하여 부처님의 가르침을 받고 오백나한五百羅漢이 되었다고 합니다.

❊

물속에 비친 달을 건져 부처님께 공양을 바치고자 했던 원숭이의 경우처럼, 복은 어리석을 만큼 단순하고 순수한 마음에 의해 생겨납니다.

순수한 마음·아름다운 마음·남을 위하는 마음을 일으켜, 순수한 행·아름다운 행·남을 살리는 행을 실천해 나가면 반드시 복을 쌓을 수 있게 되고, 쌓은 복이 있으니 자연 복을 누리며 살 수 있게 됩니다.

복은 꼭 힘든 행을 하여야만 얻어지는 것이 아닙니다. 맑은 마음으로 악을 짓지 말고 선을 받들어 행하면 저절로 복이 깃듭니다. 앞에서 살펴본 '도림선사와 백낙천' 이야기의 뒷부분은 이를 잘 깨우쳐줍니다.

✿

진짜 '위험함'이 무엇인지를 깨우쳐준 도림선사에게 감복한 백낙천은 공손히 여쭈었습니다.

"부처님의 가르침은 무엇입니까?"

"나쁜 짓을 하지 말고

착한 일을 행하면서

스스로의 마음을 깨끗이 하라

이것이 부처님들의 가르침이니라"

제악막작 중선봉행
諸惡莫作 衆善奉行
자정기의 시제불교
自淨其意. 是諸佛敎

대단한 가르침을 기대했던 백낙천은 이 말씀을 듣고

실망했습니다.

"그거야 삼척동자도 다 아는 것 아닙니까?"

"삼척동자도 다 아는 사실이지만, 팔십 노인도 행하기는 어렵지."

이 말을 듣고 크게 깨달은 백낙천은 도림선사의 제자가 되어 불법을 전파하는 데 앞장을 섰다고 합니다.

☙

부처님들의 한결같은 가르침〔是諸佛教시제불교〕! 그것은 거창한 것이 아닙니다. 악업을 멈추고 선행을 실천하면서 스스로의 마음을 깨끗이 하는 것입니다.

고차원적인 공부, 깊은 참선 수행, 『화엄경』·『능엄경』 등의 어려운 경전 공부, 힘든 고행과 난행 등을 닦지 않아도 복을 담을 수 있고 깨달음의 큰 바탕을 이룰 수 있습니다.

특별한 공부를 하지 않더라도, 악을 짓지 않고 선을 받들어 행하면 복되이 살 수 있습니다. 열 가지 악인 십악+惡을 멈출 때 생겨나는 십선+善만 잘 닦으면 능히 복을 받고, '제악막작諸惡莫作하고 중선봉행衆善奉行 하면서 스스로의 마음을 맑혀 가면〔自淨其意_{자정기의}〕' 행복은 물론 능히 대도까지 성취할 수 있습니다.

그럼 이토록 중요한 가르침은 어디에서 출발하는가?

바로 중생의 십악에서 비롯됩니다. 내가 알게 모르게 짓는 열 가지 잘못된 악을 바로 아는 것이 부처님과 같은 복과 깨달음을 이루는 출발점이 되며, 십악을 짓지 않으면 저절로 십선을 성취하게 됩니다.

십악 없는 십선의 삶

십악十惡. 십악은 불자들이 『천수경』 독송 시에 외우는 '십악참회'의 십악으로, 살생殺生 · 투도偸盗 · 사음邪淫 · 망어妄語 · 기어綺語 · 양설兩舌 · 악구惡口 · 탐애貪愛 · 진에瞋恚 · 치암痴暗 등입니다.

이 십악업은 몸[身]과 말[口]과 뜻[意]의 삼업三業을 그릇되게 사용할 때 생겨납니다. 곧 몸으로 짓는 세 가지 악업이 살생 · 투도 · 사음이요, 입으로 짓는 네 가지 악업이 망어 · 기어 · 양설 · 악구이며, 뜻으로 짓는 세 가지 악업이 탐애 · 진에 · 치암으로, 이들 모두를 합하면 십악업十惡業이 됩니다.

이 십악업이 '나'를 온전한 상태로 두지 않고 나의 정신을 흐리게 만듭니다. 이 십악업이 나의 발목을 잡아

복되고 자유로운 삶을 방해합니다.

그러므로 십악업을 멈추어, 슬프고 부자유스러운 나의 운명을 복되고 자유롭게 이끌어 나가야 합니다.

십악업을 멈추면 나의 업은 십선업+善業으로 바뀌어 복되고 자유롭고 맑게 살 수 있게 됩니다. 곧 십선업은 '불不십악업'으로, 불살생·불투도·불사음… 등의 열 가지입니다. 이 십선업을 간략히 살펴봅시다.

① **불살생**不殺生은 남의 생명을 죽이지 않고 살리는 행을 실천하는 것입니다. 이 세상 모든 생명체는 목숨을 가장 소중히 여기며, 하나같이 살기 위해 노력하고 있습니다. 그러므로 생명체를 업신여기거나 함부로 대하여서는 안 됩니다. 다른 생명을 내 생명처럼 여기는 마음을 가지면, 살생의 업은 저절로 사라지게 됩니다.

② **불투도**不偸盜는 훔치지 않고 보시를 행하는 것입니다. 남의 것을 훔치면 복을 감하여 잘살 수가 없습니다. 행복하고 즐겁게 살기 위해서는 많이 베풀어야 합

니다. 남에게 베푼 만큼 자신을 기쁘게 만듭니다.

③ **불사음**不邪淫은 삿된 음행을 하지 말고 청정행을 지키라는 것입니다. 사음은 남녀 사이의 탈선하는 행위입니다. 남녀 사이에서는 서로의 선을 잘 지켜야 하는데, 삿된 음행으로 선을 넘게 되면 마음이 불안해지고 불행이 몰아치게 됩니다.

④ **불망어**不妄語는 거짓말을 하지 말고 진실을 따르라는 것입니다. 이 세상을 살아가는 데는 신뢰가 기본이 되어야 하는데, 거짓말을 하면 서로가 믿을 수 없게 됩니다. 진실한 말을 하여 보증수표처럼 믿음을 가질 수 있도록 해야 합니다.

⑤ **불기어**不綺語의 기어는 '비단결 같은 말'입니다. 아첨하고 유혹하기 위해 비단결처럼 말하지 말고, 사실대로 말하라는 것입니다. 말을 과장해서 하는 사람들이 많습니다. 신뢰는 나의 언어에서 비롯되므로 과장하지

말고 항상 진실한 말을 해야 합니다.

⑥ **불양설**不兩舌은 두 말을 하여 이간질하지 말라는 것입니다. 한 가지 사실을 여기에서는 이렇게, 저기에서는 저렇게 말하여 싸움을 붙여서는 안 됩니다. 이는 화합을 깨뜨리는 큰 죄업이 됩니다.

⑦ **불악구**不惡口는 악담하지 말고 부드럽게 말하라는 것입니다. 친구든 이웃이든 아랫사람이든, 대화를 할 때는 악한 말을 하지 말아야 합니다. 악한 말을 하는 것은 악한 마음이 있기 때문이요, 착한 말을 하는 것은 착한 마음을 가지고 있기 때문입니다. 그리고 악담을 하다 보면 착했던 마음도 나쁜 마음으로 바뀌게 됩니다. 그러므로 악담하지 말고 항상 부드러운 말을 해야 합니다.

⑧ **불탐애**不貪愛는 불탐욕不貪欲이라고도 하는데, 욕심을 부리지 않고 윤리 도덕을 잘 지키는 것입니다. 사람

들이 도덕을 잘 지키면 서로 편하게 살 수 있습니다. 도덕을 잘 지킨다 함은 재물·이성·음식·명예·수면 등에 대해 욕심을 부리지 않고 절제하는 생활을 뜻합니다. 이 욕심을 잘 절제하면 행복과 평안함이 저절로 깃들게 됩니다.

⑨ **불진에**不瞋恚는 마음을 고요히 하여 성내지 말라는 것입니다. 온갖 나쁜 일과 장애는 성을 낼 때 가장 빨리 나타납니다. 그러므로 최대한 인내하고 마음을 고요히 하여 진에심의 독기로부터 스스로를 보호해야 합니다.

⑩ **불치암**不癡暗은 불우치不愚癡라고도 하는데, 어둡고 어리석게 살지 말고 지혜롭게 살라는 것입니다. 어리석은 생각은 어리석은 말과 어리석은 행동을 낳게 될 뿐입니다. 이 세상을 잘살고자 하면 지혜롭게 살아야 합니다. 어리석음을 바꾸어 지혜를 증장시켜야 합니다. 그럼 어떻게 하여야 어리석음을 벗고 지혜를 발현할 수

있는가? 나의 이기적인 생각과 분별 망상을 비우면 저절로 지혜가 발현됩니다.

부처님께서는 설하셨습니다.

"이 열 가지를 지키지 않을 때는 악업이 되지만, 지키면 선업이 된다. 십선업을 행하다 보면 복덕과 지혜가 저절로 커지게 되느니라."

십선업의 실천을 통하여 나날이 복을 심고 복을 받고 복을 누리며 살아가기를 청하여 봅니다.

적극적으로 복을 짓는 보시행

십악을 막아 십선을 행하는 것이 소극적인 복 짓는 법이라면, 적극적으로 복을 짓는 방법은 보시입니다. 곧 자리이타의 삶을 살고, 남을 깨어나게 하고 살리면서 살면, 매우 큰 복을 이룰 수 있게 되는 것입니다.

이 보시를 크게 재시財施·법시法施·무외시無畏施의 세 종류로 나눈다는 것은 대부분의 불자들이 잘 알고 있으므로 간략하게만 정리하겠습니다.

첫 번째의 재시財施는 물질로써 가난한 사람, 배고픈 사람, 헐벗은 사람에게 베풀어주는 것입니다. 물론 육체적인 노동을 통해 도와주는 봉사도 이 재물보시에 포함됩니다.

미국에 존 록펠러(1839~1937)라는 유명한 석유왕이 있었습니다. 그는 20대부터 돈을 벌기 시작하였는데, 60이 되었을 때는 거대 재벌이 되어 있었습니다. 하지만 재벌에게도 고통은 피해 가지 않았습니다.

언제 죽을지 모르는 알로페시아병. 곧 음식을 전혀 소화시키지 못하고, 눈썹과 머리카락이 빠져 몰골이 흉측해지는 불치병에 걸린 것입니다.

'갖은 애를 써서 돈을 모았지만 불치병에 걸리다니! 이 많은 돈이 무슨 의미가 있는가?'

그날부터 록펠러는 재산을 사회에 환원하기 시작했습니다. 힘든 이가 있으면 아낌없이 베풀어 주었고, 자선단체를 만들어 엄청난 재산을 퍼붓기 시작했습니다.

그런데 묘한 현상이 생겨났습니다. 돈을 모을 때는 괴로운 마음이 가득하였는데, 베풀기 시작하자 마음에 즐거움이 가득히 자라나는 것이었습니다. 더욱이 불치병마저 사라져, 록펠러는 건강하게 99세까지 살았습니다. 보시행이 생명을 40년이나 연장시켜준 것입니다.

비록 록펠러처럼은 못할지라도, 우리는 베푸는 일에 익숙해져야 합니다. 지금 베풀 것이 있고 베풀 곳이 있으면 베풀어야 합니다. '돈을 많이 모은 다음에 좋은 일을 하겠다'며 미룰 일이 아닙니다.

조금 있으면 조금 있는 대로 보시를 할 줄 알아야 합니다. 왜냐하면 보시를 하는 그 마음 자체가 바로 도심道心이요. 우리를 잘살게 만들어주는 선공덕善功德이 되기 때문입니다.

가진 재물로써 능력껏 베풀어 보십시오. 가진 것을 베풀 때 인색한 마음이 사라집니다. 탐하는 마음과 더불어 인색한 마음이 사라지므로 정신이 맑아지고, 재물로써 남을 살렸으니 마음 가득 환희가 넘치게 됩니다. '도道로써 돈을 쓰는' 이 재시를 실천하면, 틀림없이 큰 복이 쌓이고 좋은 일들이 다가오게 됩니다.

두 번째 보시는 법시法施입니다. 흔히 법보시라고 칭하는 법시는 사람들에게 온전한 정신을 가질 수 있도록 진리를 베풀어주는 것입니다. 곧 재물을 보시하는 것에서 한 단계 더 나아가, 진리와 근본정신을 깨우쳐 줌으로써 정신적인 평온함을 누릴 수 있게 하고 잘살 수 있게 이끌어주는 것입니다.

그렇다면 참다운 법보시는 어떻게 하는 것인가?

『금강경』에는 "삼천대천세계에 칠보七寶로 보시하는 것보다 사구게四句偈 한 구절을 일러주는 것이 낫다"는 가르침이 있습니다.

이 말씀의 진짜 의미가 무엇일까요? 『금강경』을 외워서 줄줄 읊어주는 것보다, 사구게 한 구절이라도 그 내용을 깨닫도록 일러주어야 한다는 것입니다. 왜냐하면 내용을 깨닫고 참뜻을 이해하여야 진짜 복이 되기 때문입니다.

그야말로 복 짓는 일 중에서 깨달음을 얻을 수 있도록 해주는 복보다 더 큰 복은 없기 때문에, 주위 사람들에게 성심성의를 다해 부처님의 가르침을 전하고, 그들의 참 정신을 일깨워주어야 합니다.

그리고 법보시를 하고 싶은데 아는 것이 부족하다면

능력껏 불교책을 법보시하거나 카카오톡 등으로 좋은 글을 나누는 습관을 기르는 것도 좋은 방법입니다.

책을 법보시할 때는 꼭 불경이 아니라도 좋습니다. 오히려 어려운 불경보다는 읽어서 진리를 분명히 깨우칠 수 있고 정신을 온전하게 만들어주는, 쉬운 불교책이나 글을 법보시하는 것이 더 좋을 경우도 있습니다.

참되게 살 수 있는 길을 제시해주는 책, 마음의 눈을 열어줄 수 있는 글을 가깝고 먼 사람에게 두루 공양한다면 그 공덕을 어찌 다 헤아릴 수 있겠습니까!

·

세 번째 보시는 무외시無畏施입니다. 무외시는 '두려움 없음을 베푼다'는 뜻으로, 두려움을 제거하여 평안한 마음을 가질 수 있도록 해주는 보시입니다.

쉽게 비유하자면, 어린아이가 유단자요 기운도 센 형과 함께 다니면 어디를 가든지 겁날 것이 없고 마음이 든든해지는 것과 같습니다. 혼자 있을 때는 도망가기 바쁘던 아이도, 든든한 형과 같이 있으면 친구들 앞에서 얼마든지 당당해질 수 있고, 깡패들이 몰려와도 힘을 딱 주고 버틸 수 있지 않습니까?

만약 부처님께서 나와 함께 계시고 관세음보살님이 함께한다는 믿음이 있으면, 총알이 빗발처럼 날리는 전쟁터에 나가도 걱정할 까닭이 없습니다.

아무것도 아닌 듯한 무외시. 그러나 곰곰이 따져 보면 두려움을 없애주는 무외시야말로 최상의 보시요 복을 잘 짓는 방법인만큼, 주위 사람들에게 이 무외의 보시를 즐겨 행하고자 노력해야 합니다.

어려운 일이 닥쳐서 '아이고 이걸 어떻게 하나'라고 할 때 '어떻게 하기는? 용기를 잃지 않으면 할 수 있어'라는 말로 안심시켜주고, '이러다가 내가 죽는 게 아닐까?' 할 때 '염려 마. 부처님께서 너와 함께 계시잖아!' 하면서 마음을 편안하게 만들어주도록 해야 합니다.

무외시는 돈이 드는 것도 아니고 힘이 드는 것도 아닙니다. 오직 우리가 하고자 마음만 내면 할 수 있습니다. 한마디의 축원祝願과 함께 따뜻한 마음으로 무외의 보시를 베푸는 습관을 길러 보십시오. 주위가 온통 훈훈한 복밭[福田]으로 바뀔 것입니다.

복 있는 이에게 불행은 근접 못한다

이제 한 편의 복에 대한 이야기로 마무리짓겠습니다.

❀

당나라 두 번째 천자는 태종(재위 627~649)으로, 이름이 이세민李世民입니다.

어느 날 '사주四柱가 같으면 팔자도 같은지'가 궁금해진 그는, 신하들에게 자신과 같은 사주를 지닌 사람을 찾도록 명했습니다. 그 결과 두 사람이 나타났는데, 태종은 그들을 불러 사는 형편을 물었습니다. 한 사람이 먼저 말했습니다.

"신臣은 잠만 자면 천하 재물이 제 것이요 만조백관과 삼천궁녀를 거느리고 지냅니다. 하오나 잠만 깨면 먹는 것도 어려워 근근이 지내옵니다."

꿈속에서 천자 노릇을 하고 있다는 것이었습니다. 또한 사람이 말했습니다.

"신은 아들이 여덟 명인데 모두가 만석꾼입니다. 아들 여덟 명이 정월 초하루부터 칠일마다 한 번씩 번갈아가며 찾아와서는, 비단옷과 진수성찬으로 정성을 다하고 있습니다."

'이 사람은 천자인 나보다 더 복이 많은 듯하구나. 걱정을 좀 만들어주어야겠다.'

이렇게 생각한 태종은 어둠 속에서도 빛을 발하는 야광주夜光珠를 하나씩 나누어주며 말했습니다.

"우리가 한날한시에 태어났으니, 매년 봄마다 한 번씩 만나 놀아 보세나. 그날은 반드시 지금 주는 이 야광주를 가져와야 하네."

아들 여덟을 둔 부자는 집이 황하강 건너에 있었는데, 천자는 신하에게 '부자가 돌아가는 배를 함께 타고 가면서 야광주를 물속에 빠뜨리라'는 명을 내렸습니다. 변복을 한 신하는 부자가 야광주를 자랑하자 보여주기를 간청하였고, 부자가 야광주를 넘겨주자 배가 기우뚱거릴 때 그 보배를 황하강 물속에 빠뜨렸습니다.

"아, 천자가 주신 야광주! 큰일났다. 이제 죽겠구나."

부자가 태산같은 걱정을 하며 지낸 지 사흘이 되던 날, 황하강 강변에 사는 소작인이 잡은 잉어를 들고 부자의 집으로 찾아왔습니다. 그런데 그 잉어의 배를 갈라 보니 야광주가 들어 있는 것이 아니겠습니까? 워낙 복을 많이 지어 놓았기에 구슬을 삼킨 잉어가 잡혀 그의 집으로 온 것입니다.

그 이듬해에 사주가 같은 세 사람은 다시 모였습니다. 천자는 구슬을 잃어버린 황하강 건너의 부자가 근심걱정으로 피골이 상접되어 있을 것이라 생각하고 있었는데, 상상 외로 부자는 좋은 얼굴로 나타났고 구슬을 천자에게 보여주는 것이었습니다.

이상하게 여긴 천자가 자초지종을 캐묻자, 부자가 구슬을 도로 찾게 된 내력을 말했습니다. 천자는 무릎을 치며 찬탄하였습니다.

"아, 복을 지은 자는 어떻게 해 볼 수가 없구나. 그대가 천자보다 복을 더 받는 것 같아 걱정을 좀 주려고 일부러 구슬을 잃게 만들었는데, 그 구슬이 고기 뱃속으로 들어갔다가 그대의 걱정을 면케 해주었구나."

그리고는 두 사람에게 호號를 하나씩 내렸습니다.

"밤마다 꿈속에서 천자 노릇을 하는 그대에게는 몽천자夢天子, 근심이 없는 그대에게는 무수왕無愁王이라는 호를 내리노라."

§

이 이야기처럼, 내가 지은 복은 남이 결코 어떻게 할 수 없습니다. 천자라고 하여도, 하느님이라 하여도 어떻게 할 수 없습니다.

닦은 복의 과보는 반드시 자기가 받지, 결코 다른 데로 가지 않습니다. 오른손이 베풀면 그 즉시 왼손으로 받는 법입니다.

『화엄경』에서는 '보시바라밀이 환희지歡喜地'라 하였습니다. 보시를 하면 행복해지고 보살의 십지十地 중 첫 번째인 환희의 땅에 이르게 된다는 것입니다.

보시를 하면 반드시 수명이 길어지고 재산이 많아지고 자손이 창성하고 부귀영화가 가득한 복을 누립니다. 어찌 이 좋은 보시를 행하지 않을 것입니까?

모든 불자들이여, 우리는 복 있는 사람이 되어야 합니다. 그리고 복 있는 사람이 되려면 복을 지어야 합니다.

복 짓는 것이 어렵습니까? 아닙니다. 십악을 멈추면 십선이 생겨나 복 있는 사람이 됩니다. 보시를 하여 적극적으로 복을 지으면 환희심이 가득한 환희지에서 살 수 있게 됩니다. 부디 능력껏 형편껏 복을 지어 나날이 복을 누리시기를 두 손 모아 축원 드립니다.

나무아미타불

제6장

믿음과 원

믿음은 도의 근원이요 공덕의 어머니

일체의 선근들을 길이길이 길러내며

의심의 그물 끊고 애착의 삶을 벗어나

열반의 위없는 도를 열어 보인다네

信爲道源功德母　　신위도원공덕모

長養一切諸善根　　장양일체제선근

斷除疑網出愛流　　단제의망출애류

開示涅槃無上道　　개시열반무상도

믿음으로 여는 문

이는 『화엄경』 현수품에 있는 유명한 게송으로, 부처님께서는 '믿음이 이 세상의 으뜸가는 재산'이라 하셨습니다.

우리가 살고 있는 이 인간 세상에서는 믿음이 없으면 살아갈 수 없습니다. 남편이 아내를 믿고 아내가 남편을 믿기 때문에 가정을 이루며 살아갈 수 있습니다.

부부만이 아닙니다. 자식과 부모, 이웃과 친구 사이에도 믿음은 참으로 중요합니다. 서로 간에 믿음이 없으면 모래 위에 집을 짓는 것과 다를 바가 없어집니다.

사람들이 중요시하고 있는 돈·부동산·보석·주식, 이러한 것들이 으뜸가는 재산입니까?

아닙니다. 왜? 이것들은 우리에게 잠시의 행복만을

줄 뿐, 진정한 행복을 가져다주지 않기 때문입니다. 그리고 이것들을 지키기 위해 근심 걱정을 하기 때문입니다.

이에 비해 믿음이 바위처럼 단단하면 차츰 지혜를 얻고 덕행이 두터워져서 행복한 생활을 할 수 있게 됩니다.

불자들 또한 마찬가지입니다. 부처님을 믿고, 부처님께서 말씀하신 진리를 믿고, 그 진리를 실천하는 스님들을 믿기 때문에 불자들의 발걸음은 저절로 절을 향하게 됩니다. 곧 믿음이 부처님의 법을 따르는 가장 근본이 되는 것입니다.

이와 관련하여 경봉스님과 수좌 사이에서 있었던 일화 하나를 들려드리겠습니다.

❀

해제 철이 되자, 젊은 수좌가 극락암 삼소굴로 찾아와 경봉스님께 삼배를 드리고, 이러저러한 이야기를 하다가 여쭈었습니다.

"부처가 무엇입니까?"

"내가 말하면 제대로 믿겠느냐?"

"스님 말씀인데 어찌 믿지 않겠습니까?"

"묻는 네가 바로 신여래新如來, 새로운 부처니라."

젊은 수좌는 마음에 박히는 것이 있어 경봉스님께 다시 삼배를 올리고, 결제 기간이 아닌 산철(해제 기간)인데도 극락암 선방에서 정진하였습니다.

8

만약 이 수좌가 경봉스님을 믿지 않았다면, 어떻게 하였을까요? 수행을 열심히 하였을까요? 아닐 것입니다. 크게 믿었기 때문에 공부하는 기간이 아닌 산철에 선방에 앉아 정진을 한 것입니다.

이처럼 믿음이 굳건해야 온갖 좋은 일들이 생겨나고 자라납니다. 믿음이 있어야 공덕이 쌓이고 모든 의심과 애착이 사라지게 되며, 마침내는 괴로움에서 벗어나 나고 죽는 고통이 없는 열반의 위없는 경지를 얻을 수 있게 됩니다.

그리고 부처님께서는 당신 스스로를 공덕모功德母라 하지 않고, '신信'을 공덕의 어머니라 하셨습니다. 자식을 잘 키워주는 자상한 어머니처럼, 믿음이 확고하면 선의 뿌리〔善根〕들이 깊고 넓게 자리를 잡아, 평화롭고 흔들림 없는 삶을 살아갈 수 있습니다.

뿌리가 튼튼한 나무는 폭풍우가 몰아쳐도 능히 감당할 뿐 아니라, 비바람이 지나간 후에는 더욱더 잘 자랍니다. 하지만 뿌리가 튼튼하지 못한 나무는 비바람이 조금만 강하게 몰아쳐도 감당을 하지 못합니다.

그러므로 늘 잘살고자 하고 지혜롭고 환희롭게 살고자 하면 선의 뿌리를 깊고 넓게 내려야 하며, 선의 뿌리가 자리를 잘 잡도록 하려면, 모든 선근善根을 자라나게 하는 믿음을 굳건히 해야 합니다.

부처님을 믿고 나를 믿는 신심. 이 신심이 있으면 흔들리지 않습니다. 인생이 그릇된 방향으로 나아가지 않습니다. 시련과 고난이 오더라도, 믿음으로부터 좋은 생각 좋은 말 좋은 행위들이 솟아나 모든 어려움을 극복할 수 있게 하고, 우리를 향상의 길로 행복의 길로 나아가게 합니다.

 믿음이 확고하면 부질없는 갈등이 사라지고 마음이 맑아집니다. 또한 의심 없는 맑은 마음이 되면 꾸준히 정진을 잘 할 수 있게 되고, 꾸준히 정진을 하다 보면 애정과 애착의 강물 속에 빠져 흘러내려 가는 윤회의 삶에서 벗어나 마침내는 열반의 도를 이룰 수 있게 되는 것입니다.

『화엄경』 현수품에서는 이 앞의 게송에 이어 다음의 게송으로 믿음의 공덕을 구체적으로 깨우쳐줍니다.

　　믿음은 훼손됨이 없는 공덕의 종자

　　믿음은 보리수를 잘 자라나게 하고

　　믿음은 빼어난 지혜를 증장케 하며

　　믿음은 모든 부처님을 나타나게 하네

　　　신위공덕불괴종　신능생장보리수
　　　信爲功德不壞種　信能生長菩提樹
　　　신능증익최승지　신능시현일체불
　　　信能增益最勝智　信能示現一切佛

 우리는 부처님의 제자입니다. 그러므로 굳건한 신심

을 길러야 합니다. 이 믿음에는 출가와 재가가 따로 없습니다. 신도에게는 적게 필요하고 출가한 스님에게는 더 많이 필요한 것이 아닙니다. 잘 살고자 하는 뜻이 있는 불자라면 누구든지 불·법·승 삼보와 스스로에 대한 신심을 담뿍 길러야 합니다.

나의 근본 마음과 함께 삼보를 잘 믿어 향상의 길로 나아가면 공덕은 저절로 쌓이고, 깨달음의 나무는 저절로 자라며, 모든 부처님의 대자비 속에서 나날이 지혜롭게 살 수 있게 됩니다.

그리고 또 한 가지, 깨달음의 종교인 불교를 믿는 불자는 객관적인 믿음의 대상에만 빠져들어서는 안 됩니다. '내가 하겠다'는 의지와 함께해야 합니다. 이것이 원願입니다. 신심信心과 원願. 이것이 함께 있으면 귀해집니다. 귀하고 또 귀한 존재가 됩니다.

향상의 원을 발하라

신심과 함께 향상의 삶을 사는 데 꼭 필요한 것은 원願입니다.

성공을 하고 부자로 살고 싶습니까? 신심과 원을 품고 노력하면 성공을 할 수 있고 부자가 될 수 있습니다. '노력하겠다·성공하겠다·부자가 되겠다'는 원이 있으면 무량한 공덕과 행복을 이루어 낼 수 있습니다.

간단합니다. 원이 있어야 실천이 뒤따르고 성취가 있게 됩니다. 마치 설악산에 오르겠다는 원을 세운 이는 설악산을 오를 방법을 찾게 되고, 그 방법에 따라 적절한 시기에 설악산을 올라가서 원을 성취하게 되는 것과 같이….

사람들에게는 많은 원願이 있습니다. 그 원은 '바라는

바'입니다. 바꾸어 말하면 자기의 목적을 성취하기 위해 스스로 수립하는 기본적인 결심이 원願입니다.

이 원이 있고 없고는 인생살이와 성취에 있어 하늘과 땅 차이의 결과를 가져다줍니다.

이 원을 불교에서는 발원發願·서원誓願·행원行願·원력願力 등의 다양한 용어로 표현합니다.

'내가 어떻게 하겠다'는 결심을 스스로 발하는 것이기 때문에 '발원'이라 하고, 원을 세움과 동시에 어떠한 어려움이 있더라도 기필코 이루겠다는 맹세〔誓〕가 뒤따르기 때문에 '서원'이라 하며, 원을 성취하기 위해서는 반드시 실천행이 뒤따라야 하기 때문에 '행원'이라 합니다.

또 내면적인 원은 결코 원으로 그쳐서는 안 됩니다. 원을 이룰 수 있는 힘이 뒷받침되어야 합니다. 이와 같이 원願과 힘〔力〕은 결코 분리될 수 없는 상관관계에 있는 것이기 때문에 '원력願力'이라고 합니다.

일찍이 부처님께서는 수많은 경전을 통하여 원願의 중요성을 강조하셨고, 모든 불자들이 꼭 원을 발할 것을 간곡히 당부하셨습니다. 왜 부처님께서는 불자들 스스로가 꼭 원을 발할 것을 당부하신 것일까요?

그 이유는 간단합니다. 원이 없으면 흐르는 대로 인생을 살게 되기 때문입니다. 그저 흐르는 대로 인생을 살다 보면 방황을 하거나 유혹에 빠져 타락의 길을 걷게 되는 경우가 많습니다.

그러나 원을 굳건히 하면서 살게 되면 자기 계발과 자기 향상을 도모할 수 있을 뿐 아니라, 장애가 있을지라도 결코 그릇된 길로 나아가지 않게 됩니다.

그 누구라도 원을 세워 거듭거듭 다짐하며 정진하면 힘을 모을 수 있게 되고, 힘이 모이면 흔들리지 않게 됩니다.

그야말로 원은 우리를 보다 힘차게 행복의 길로, 성공의 길로, 해탈의 길로 나아갈 수 있도록 만들어주는 원동력입니다. 무기력 속에 빠져들거나 바른 삶의 자세가 흩어질 때 제자리를 찾아주고, 뜻하지 않은 시련이 다가왔을 때 돌파구를 열어주는 것이 원입니다.

그러므로 불자들은 확고한 원이 있어야 합니다.

오랜 세월 동안 문제를 일으켰던 그릇된 습관들을 고칠 수 있고, 고통의 씨앗이 된 이기심을 능히 극복할 수 있는 원을 세워야 합니다.

능히 우리의 업을 녹일 수 있고, 우리에게 자유와 행복과 평화를 안겨줄 수 있는 원을 품어야 합니다.

모든 일은 원이 있어야 이룩됩니다. 원願을 세운 다음 힘을 모으면 원력願力이 성취되고, 원력이 있으면 능히 원 성취를 할 수 있습니다. '지성至誠이면 감천感天'이라는 말이 있습니다. 원을 세우고 정성을 다하면 하늘도 탄복하여 그 원을 이루어준다는 말입니다. 곧 원력의 틀림없음을 달리 표현한 것입니다.

기도 또한 마찬가지입니다. 원願을 잘 세워야 합니다. 불자의 삶과 원, 기도와 원은 떼려야 뗄 수 없는 밀접한 관계에 있고, 어떠한 원을 어떻게 세우느냐에 따라 인생이나 기도의 방향도 달라질 수 있습니다.

제가 있는 통도사에 계셨던 큰스님의 원 이야기를 하겠습니다.

조선 시대 말, 함경남도 안변 석왕사에 머물렀던 용악聳岳(1830~1908) 스님은 꿈을 꾸었습니다. 스님이 오산의 수암사라는 절에 가서 음식을 대접받고 차를 세 잔 받는 꿈이었습니다. 절의 전경까지 너무나 생생하여 기록해 두었는데, 해마다 그날이 되면 같은 절에 가서 차담을 대접받는 꿈을 꾸었습니다.

'오산 수암사는 어디 있는 절이며, 왜 이러한 꿈을 자꾸 꾸는 걸까?'

매우 궁금하게 여기던 차에 석왕사로 수암사 승려가 찾아왔고, 용악스님은 반가이 맞이하며 물었습니다.

"스님, 수암사에는 물이 나무 홈대를 통하여 부엌에까지 들어가고, 돌로 만든 수곽이 있습니까? 그리고 절이 이러이러하게 생겼는데 맞습니까?"

"그렇습니다만, 스님께서는 함경북도 멀리에 있는 수암사에 와 보셨나 보지요?"

"그럼 모월 모일은 무슨 행사가 있는 날입니까?"

"그날은 우리 수암사 중창주 스님의 제삿날입니다."

비로소 용악스님은 자신이 오산 수암사의 중창주로 있다가 다시 태어나 석왕사의 승려가 되었고, 꿈에서 매년 제사상을 받아먹고 있었음을 알게 되었습니다.

"그 중창주 스님의 평소 원은 무엇이었습니까?"

"늘그막이 되자 스님께서는 해인사의 고려대장경을 모두 찍어 모셔놓고, 경전들을 보며 지내기를 원했습니다."

"내 평생소원이 해인사의 팔만대장경판을 인출印出해서 모셔 놓고 읽는 것이 소원이었는데, 지금 그 말씀을 듣고 보니 전생부터의 원력이었습니다그려."

용악스님은 불꽃과도 같은 것이 가슴으로 뜨겁게 벅차오르는 것을 느끼면서, '전생에 못 이룬 원을 금생에는 기어코 이루리라' 다짐했습니다. 그리고 1897년 통도사 적멸보궁에서 백일기도를 시작했습니다.

엄청난 경비가 소요되는 대장경인출불사를 몇몇 사람의 힘으로나 당시 불교계의 재력으로는 이루기가 불가능하였기 때문에, 부처님의 가피력으로 이 소원을 성취시켜 달라고 기도한 것입니다.

그런데 기도 도중에 자장암의 금개구리가 법당 탁자

위의 뜨거운 불기佛器에 붙어 있는 상서를 종종 보이곤 하였습니다. 스님은 신령스런 금개구리가 불기에 붙어 있는 것을 보면서, 이번 기도가 틀림없이 성취될 것임을 확신했습니다.

이듬해인 1898년, 스님은 해인사 장경각 뜰의 금잔디 밭에서 또 백일기도를 했습니다. 70일쯤 지났을 때 두 마리의 큰 뱀이 나타나 똬리를 틀고 있는 것을 보고 스님은 문득 생각했습니다.

'화엄호법성중華嚴護法聖衆 속의 복행신장腹行神將은 뱀의 몸을 나툰다고 하였다. 내가 오늘 복행신장을 만났구나.'

그리고는 합장하고 속으로 축원했습니다.

"저의 이 기도에 왕림하신 화엄복행신장이시여, 대장경을 인출하려는 저의 원을 꼭 이루어주십시오."

그러자 뱀이 장경각 둘레를 돌기 시작하였고, 용악스님도 그 뒤를 따르면서 계속 축원하였는데, 어느 순간 뱀들이 화엄경판 곁으로 가더니 문득 사라져버렸습니다. 이에 스님은 복행신장이 온 것으로 확신하고 더욱 열심히 기도했습니다.

　마침내 백일기도를 회향한 스님은 당시 해인사 화주
승化主僧이었던 범운梵雲스님에게 당부했습니다.

　"머지않아 나라에서 장경불사藏經佛事를 명할 것이니,
권선책勸善冊 한 권을 미리 만들어 놓으시오."

　과연 1899년 5월에 나라에서 뜻밖의 통보가 전달되
었습니다. 장경불사를 할 터이니 권선책을 가지고 올라
오라는 것이었습니다. 범운스님이 권선책을 가지고 올
라가자, 나라의 재정을 관장하는 탁지부에서 6만냥, 경
운궁에서 1천5백냥, 의정부에서 7천5백냥, 경남관찰사
가 5백냥, 통도사에서 5천냥을 보시하여, 총 7만4천5
백냥으로 장경불사를 무사히 마쳤습니다.

　이때 대장경을 4부 인출하였는데, 3부는 불법승 삼
보 사찰인 통도사·해인사·송광사에 각 1부씩 봉안하
였고, 나머지 1부는 전국 유명한 사찰에 나누어 모시게
하였습니다.

　용악스님은 통도사 장경각 옆에 방 하나를 마련하여
기거하면서, 입적하시던 그날까지 10년을 하루같이 이

대장경을 열람하셨습니다. 그리고 입적하기 3년 전에, "나도 부처님처럼 80세 되는 2월 보름날 가겠다"고 하셨습니다.

그날이 되자 스님은 아침식사 후 각 법당을 차례로 참배하였고, 밤이 되자 앉아 입적하셨는데, 기이한 향기가 방에 가득 넘쳤다고 합니다.

&

원을 세우고 공을 들이면 틀림없이 성취됩니다. 지금 이 생에 성취되지 않으면 다음 생에라도 틀림없이 이룰 수 있습니다.

개인으로 성취하기 어려운 원이라면 나라가 돕고, 나라도 어떻게 하지 못하는 원이라면 불보살의 가피로 온 우주법계가 성취를 도와줍니다.

그러므로 믿음을 잘 확립하고 원을 잘 세워야 합니다. 만약 지금의 내가 장애와 시련 속에 처하여 방황을 하고 있거나 무기력한 상태에 빠져 있다면, 또 다른 정진의 발걸음을 옮기기 전에 삶의 나침반이 될 수 있는 믿음과 원부터 다시 세워야 합니다.

나아가 그 원에 꼭 이루겠다는 스스로의 맹세를 담아 서원誓願으로 만들어야 합니다. 결코 불보살님께 매달리는 원에서 그치지 말고, 스스로가 '어떻게 하겠다'는 맹세의 원을 발하여야 합니다.

부디 원願을 발하십시오. 삶과 향상의 나침반이 될 수 있는 원을 가지십시오. 원이 없으면 올바로 나아갈 수가 없고 올바른 성취를 기대할 수 없습니다.

불자들이여, 믿음 깊은 원을 세웁시다. 향상의 길로 나아가는 원을 세웁시다. 그 원이 힘을 얻게 되면 원력이 되고, 원력으로 수행정진하면 장애들이 저절로 극복되어, 목표에 도달하는 것이 그리 멀지 않게 됩니다.

믿음과 원력과 정성이 담긴 기도를 통하여 꼭 원성취를 하십시오. 그리하여 바라밀을 이루고 대자대비심을 이루어, 인간답게 살고 부처님의 아들딸답게 사는 참된 불자가 되기를 두 손 모아 축원 드립니다.

나무아미타불

제 7 장

집중력과 기도성취

아미타 부처님은 어디에 계시는가
마음에 깊이 새겨 절대로 잊지 말라
생각들이 다하여 무념처에 이르면
육문에서 언제나 자금광명 발하리라

阿彌陀佛在何方　아미타불재하방

着得心頭切莫忘　착득심두절막망

念到念窮無念處　염도염궁무념처

六門常放紫金光　육문상방자금광

'육문'은 육근. 곧 눈·귀·코·혀·몸·마음
'자금광'은 부처님의 자금색신에서 나오는 빛

시작의 기도

　우리가 이 세상을 살아가는 동안에는 늘 기도가 필요합니다. 하루를 뜻있게 보내기 위해서는 그날의 일을 기원하는 아침기도가 필요하고, 한 달을 보람되게 보내기 위해서는 초하루기도를 잘 올려야 하며, 일 년을 편안하게 보내고 뜻하는 일들을 성취하기 위해서는 정초기도를 잘해야 합니다.

　입춘이 지나면 절마다 정초기도를 시작합니다. 지금이 바로 정초기도 기간인 것입니다. 이 정초기도를 잘 하면 가피를 입어 일 년을 어려움 없이 보낼 수 있게 됩니다.

　인간의 능력이 무한하다고는 하지만, 범부중생들은 그 능력을 발휘하지 못하기 때문에 성현들의 위신력과 가피력을 간절히 바라게 됩니다. 인간에게 가피를 내리는 성현들 가운데 가장 뛰어난 분은 누구이겠습니까? 바로 대자대비하신 부처님입니다.

부처님께서는 대도를 성취하셨기에 알지 못하는 것이 없고, 이루지 못하는 것이 없게 된 분입니다. 그러므로 우리가 믿음을 일으켜 일심으로 기도하면 부처님의 가피를 입어 바라는 바가 모두 성취됩니다.

다만 부처님과 통하는 주파수를 잘 맞추어야 합니다.

그 주파수가 무엇인가? 번뇌 없이, 마음을 잘 모아 기도하는 것입니다. 이렇게 기도하면 나의 집중력이 부처님의 위신력과 동일한 파장을 이루어 능히 소원성취를 할 수 있게 됩니다.

예를 들자면, 겨우 걸음을 배운 아이는 아무리 발돋움을 해도 높은 선반에 올려놓은 과자를 먹을 수가 없습니다. 하지만 아이가 자꾸 선반을 쳐다보면서 울면, 어머니가 그 울음소리를 듣고 와서 과자를 내려주어 마음껏 먹을 수 있게 되는 것과 같습니다.

또 하루에 십 리도 날지 못하는 파리가 천리마의 등에 붙어 있으면 능히 천리를 갈 수 있는 것과 같고, 아무리 작은 돌도 물에 넣으면 가라앉지만, 집채만 한 바위도 배에 실으면 능히 태평양 바다를 건너갈 수 있는 것과 같습니다.

불보살의 가피력과 위신력은 이와 같아서, 중생의 능력으로 이룰 수 없는 일일지라도 간절히 발원하고 기도하면 이룰 수가 있습니다. 그래서 옛말에, '지성至誠이면 감천感天이요, 지극히 하면 통한다'고 하신 것입니다.

🪷

고려 제7대 목종 때의 일입니다. 강원도 철원의 심원사深源寺는 지장기도도량으로 유명한데, 절 밑의 마을에는 어려서 열병을 앓아 장님이 된 이덕기李德基와 소아마비로 앉은뱅이가 된 박춘식朴春植이 살고 있었습니다. 어릴 때부터 친구였던 그들은 만나면 늘 자신들의 신세를 한탄했습니다.

"무슨 죄를 지었건대 우리는 이와 같은 몸이 된 것일까? 전생에 어떤 잘못을 저질렀기에…."

신세 한탄을 하던 어느 날, 그들 앞에 심원사의 스님

이 나타나 대종불사大鐘佛事를 위한 시주를 청했습니다.

"대종불사에 시주하면 틀림없이 부처님의 가피로 재앙이 소멸되고 복을 얻게 될 것입니다."

이 말을 들은 두 사람은 귀가 번쩍 뜨였습니다. 몇 번이나 '우리도 볼 수 있고 걸을 수 있는지'를 여쭈었고, '틀림없다. 믿어 보라'는 스님의 확인도 받았습니다.

하지만 그들은 너무 가난하여 시주할 돈도 쌀도 쇠붙이도 없었습니다. 실망한 그들이 슬픔에 잠겨 있을 때 스님은 화주化主가 되기를 청했습니다.

"화주가 되십시오. 시주를 모으러 다니는 화주가 되는 것이 더 큰 복을 짓는 방법입니다."

두 사람은 화주가 되기로 작정했습니다. 장님 이덕기는 길 안내를 할 수 있는 앉은뱅이 박춘식을 업었습니다. 한 사람은 눈이 되고 한 사람은 발이 되어 완전한 하나가 된 것입니다.

둘은 열심히 사람들을 찾아다니며 대종의 조성을 위한 불사금을 모았습니다. 비가 와도 바람이 불어도 멈추지를 않았습니다. 입으로는 '나무불 나무법 나무승'

을 염송하면서….

 그렇게 하기를 3년, 마침내 대종의 타종식 날이 되었습니다. 그들은 '나무불 나무법 나무승'을 끊임없이 외우며 타종식에 참석하고자 산길을 거쳐 심원사로 향하고 있었습니다.

"부처님이 보인다!"

 첫 타종의 소리가 들리는 순간, 앉은뱅이 박춘식은 고 소리를 치면서 이덕기의 등에서 내려 뛰어가려 했습니다. 그러자 두 다리가 쭉 펴지는 것이었습니다.

"어디! 어디!"

 박춘식의 '부처님이 보인다'는 외침에 장님 이덕기도 소리치며 눈을 비비자 갑자기 앞이 보였습니다.

 그들은 산마루 위의 오색구름에 쌓여 큰 광명을 발하고 있는 부처님을 바라보면서 눈물을 흘리며 끊임없이 절을 했습니다. 마침내 그들은 부처님의 크나큰 가피를 입은 것입니다.

ꝏ

무엇을 외워도 괜찮습니다. '나무아미타불'도 좋고, '나무불'도 좋고, 경전의 한 구절도 좋고, 다라니도 좋습니다. 내 마음을 다해 부르면 됩니다. 나의 진심을 담아 기도하면 됩니다.

기도는 누구에게나 필요합니다. 잘난 사람 못난 사람 따질 것이 없습니다. 마음은 간절한데 내 뜻대로, 내 마음대로 되지 않을 때는 기도하십시오.

기도의 가피는 참으로 묘합니다. 특히 집중의 기도는 더욱 묘합니다. 집중하여 기도하는 힘은 참으로 대단합니다. 난치 불치의 병을 치유함은 물론이요, 어떠한 소원도 능히 성취할 수 있습니다.

그러므로 기도를 하십시오. 마음을 잘 모아 제대로만 기도하면 반드시 감응이 있기 마련입니다. 실로 이와 같은 기도 영험담은 매우 많이 전해지고 있습니다.

그런데 누가 그 가피의 열쇠를 쥐고 있는가? 바로 우리가 쥐고 있습니다. 우리가 어떻게 하느냐에 달려 있습니다. 이제 우리는 정성이 깃든 기도를 통하여 진짜 봄을 찾아야 합니다.

봄을 찾는 기도

종일토록 봄을 찾아 헤맸건만 봄이 보이지 않아

짚신이 다 닳도록 산 위의 구름들을 밟고 다녔네

지쳐 돌아와 뜰에서 웃고 있는 매화 향기 맡으니

봄은 매화 가지 위에 완전히 무르익어 있는 것을

진 일 심 춘 불 견 춘　　망 혜 답 파 롱 두 운
盡日尋春不見春　　芒鞋踏罷隴頭雲

귀 래 소 살 매 화 후　　춘 재 지 두 이 십 분
歸來笑撒梅花嗅　　春在枝頭已十分

　당나라의 어느 비구니 스님 오도송으로, 남송 때의
학자인 나대경羅大經이 편찬한 『학림옥로鶴林玉露』에 실
려 있는 선시입니다.

　새해 들어 입춘을 넘기면 추운 바람이 차츰 멎고, 따
스한 기운이 점점 퍼지게 됩니다. 그리고 백매화가 봉

오리를 맺고, 홍매화가 빨갛게 피어 향기가 코를 찌르게 되며, 만물이 생장하기 시작합니다.

하지만 매화의 향기도, 만물의 생장도 그냥 주어지는 것이 아닙니다. 추운 겨울을 잘 견뎌 내어야 가능합니다. 황벽선사의 시가 그것을 잘 나타내어 줍니다.

번뇌를 벗어나기란 예삿일이 아니니

밧줄을 단단히 잡고 한바탕 공부를 할지어다

추위가 뼛속까지 사무치지 않을 것 같으면

어찌 코를 찌르는 매화 향기 얻을 수 있으리

진 로 형 탈 사 비 상 　긴 파 승 두 주 일 장
塵勞逈脫事非常　緊把繩頭做一場

불 시 일 번 한 철 골 　쟁 득 매 화 박 비 향
不是一番寒徹骨　爭得梅花撲鼻香

이제 이 두 편의 시를 기도와 함께 엮어 봅시다.

삶은 마음과 같이 되지 않고, 성공을 하기가 쉽지 않습니다. 어쩌면 추운 겨울과 같은 것이 인생인지도 모릅니다. 이러한 인생살이에서 봄을 찾기가 어찌 쉬운 일이겠습니까?

봄이 무엇인지는 사람마다 다르겠지만, 봄을 찾음은 소원을 이루는 것이요, 성공하는 것이요, 깨달음을 이루는 것이요, 본래의 자기를 찾음을 뜻합니다.

그러므로 봄을 제대로 찾기 위해서는 승두(밧줄)를 잡고 간절한 마음으로 한바탕 힘을 써야 합니다. 그냥 남 따라 설렁설렁 힘을 쓰고 내 편한 대로 힘을 쓰면 잘 되지가 않습니다. 도대체 봄이 보이지가 않습니다.

봄을 찾으려면 온 산천을 돌아다녀야 합니다. 짚신이 다 닳도록 헤매고, 때로는 추위가 뼈에 사무치도록 돌아다녀야 합니다.

그렇게 다니다가 지쳐 집으로 돌아오게 되면, 그토록 찾았던 봄이 뜰 안에서 매화 향기가 되어 웃고 있습니다. 봄이 내 집에서, 내 안에서 무르익고 있는 것입니다.

그렇습니다. 봄 향기, 코를 찌르는 매화 향기를 어찌 그냥 얻을 수 있겠습니까? 기도를 하든 염불을 하든 참선을 하든, 소원을 이루고 성공을 하려면, 봄을 찾아 온 산천을 돌아다니는 간절함이 있어야 합니다.

무엇이 간절해야 하는가? 먼저 무엇을 이루겠다는 원

願이 분명하고 간절해야 합니다. 이 분명하고 간절한 원에 정성이 더해지면 힘[力]이 생겨나 원력願力이 되고, 힘이 있으니 이룰 수 있습니다. 장애에 굴복하지 않고 나아갈 수 있는 힘이 있기 때문에 꼭 이룰 수 있습니다. 그리고 어떤 놀라운 인연을 만나면 꽃피는 시절을 맞이하게 됩니다. 이것이 세상의 이치요 순리입니다.

그럼 어떠한 정성을 기울여야 하는가? 무릎이 아프고 몸이 아프도록 천배 만배를 해야만 정성을 기울이는 것인가? 아닙니다. 그렇게 하지 않아도 됩니다.

정성의 첫째는 집중입니다. 무엇보다 집중을 잘해야 합니다. 신실한 마음으로 집중을 잘하여 한 번의 절이라도 정성스럽게 하면 됩니다.

❀

나의 젊은 시절에 통도사 극락암 독성각에서 기도를 하던 불자가 있었습니다. 그는 '나반존자'를 독송하며 기도하였는데, 처음에는 나반존자를 염송하다가, 나중에는 '나만 좋다, 나만 좋다'라고 하는 것이었습니다.

'나반존자'에 집중하지 않고, 의식 없이 기도하다 보니, '나반존자'를 '나만 좋다'로 바꾸어 부른 것입니다.

§

기도를 할 때는 진실함과 절절함이 배어 있어야 합니다. 그렇지 않고서는 몸뚱아리만 법당에 있게 되고, 아무리 많은 절을 하여도 효험이 나타나지 않습니다.

마음을 잘 모으지 못하는데 성스러운 도량을 찾아간들 무엇합니까? 관세음보살의 도량인 보타산, 문수보살의 상주처인 오대산, 보현보살이 늘 머물러 계신다는 아미산, 지장보살의 영험도량인 구화산을 찾아간들 무엇합니까?

문제는 깊은 신심이요, 깊은 신심은 집중력입니다. 신심이 깊은 불자에게는 보타산·오대산·아미산·구화산이 따로 없습니다. 굳센 원력으로 집중을 잘하여 기도하면, 성지를 가지 않고도 지금 이 자리에서 불보살님들을 친견하고 가피를 입게 되는 것입니다.

염불기도를 하든 다라니기도를 하든 독경·사경을 하

든, 집중을 잘하는 것, 이것이 가장 중요합니다. 이것이 최고의 정성이요 기도성취의 지름길입니다.

이 방법으로 하면 될까 안 될까?

과연 불보살님의 가피가 있기는 한 것인가?

도대체 얼마나 해야 되고 언제 된다는 말인가?

이렇게 불안해하고 스스로를 흔들면 기도도 수행도 인생살이도 잘할 수가 없습니다. 그리고 기도를 할 때 일어나고 솟아나는 번뇌들을 따라가게 되면, 그 기도 는 그야말로 '말짱 도루묵'이 됩니다.

집중은커녕 일어나는 번뇌를 따라 움직이는데 어찌 정성스러운 기도를 할 수 있겠습니까?

집중하면 이루어진다

번뇌가 일어날 때마다 스스로가 세운 원, 의지해야할 불보살님·다라니·독경·사경 등으로 되돌아가서, 자꾸 마음에 새기고 집중을 하고자 노력해야 합니다. 이것이 추운 겨울을 넘어서는 힘이요, 봄을 찾고자 온 산천을 다니는 것입니다.

결국은 집중입니다. 억지로 많이 하고자 하고, 천배 만배를 채우고자 하는 것보다, 집중을 잘하는 것이 더 중요합니다.

'밧줄을 단단히 잡고 한바탕 힘을 쓰는 것.' 기도든 참선이든 성공이든, 이러한 집중의 노력이 가장 중요합니다.

중국 당나라 때 있었던 이야기입니다. 천자에게는 사랑하는 후궁이 있었습니다. 누구와도 비교할 수 없이 예쁜 후궁이었습니다. 이 후궁의 모습을 길이 남기고자 했던 천자는 장승요張僧繇라는 화가에게 그녀의 초상화를 그리게 했습니다.

화가 장승요는 정성을 다해 초상화를 그렸고, 마침내 완성 단계에 이르렀지만 만족하지 못했습니다. 초상화에 무언가가 빠진 듯했습니다.

장승요가 붓을 들고 허전한 부분에 대해 골몰하고 있는데, 붓끝의 먹물 한 방울이 엉뚱한 데로 뚝 떨어졌습니다. 그것도 하필이면 후궁의 배꼽 옆에.

'어찌해야 좋을까?'

하지만 수정할 방법을 찾지 못했습니다. 장승요는 하는 수 없이 초상화를 천자에게 바쳤고, 이를 본 천자는 노발대발했습니다. 어떤 불손한 짓이 있지 않고서야, 사랑하는 후궁의 배꼽 옆에 있는 점을 그린다는 것이 불가능하다고 단정했기 때문입니다.

"네 이놈! 어떻게 후궁의 배꼽 옆에 점이 있는 것을 알았느냐? 네가 직접 보지 않았다면 어찌 이렇게 똑같은 위치에 그릴 수가 있느냐?"

"저는 절대로 보지 않았습니다. 먹물을 실수로 떨어뜨린 것이옵니다."

"시끄럽다! 당장 저놈의 목을 쳐라!"

그때 주위의 신하들이 아뢰었습니다.

"장승요는 정직하고 마음이 순수하여 절대로 나쁜 짓을 할 위인이 아닙니다. 용서해주소서."

천자는 일단 그를 옥에 가두었는데, 그날 밤 참으로 특별한 꿈을 꾸었고, 다음날 간밤의 꿈을 떠올리며 화가에게 명했습니다.

"너는 보이지 않는 것을 그릴 수 있는 사람이니, 내가 지난밤에 꿈에서 본 것을 그릴 수 있을 것이다. 바르게 그리면 네 죄를 사면해주겠노라."

그리고는 3일의 말미를 주었습니다. 하지만 천자의 꿈에서 본 것을 어떻게 알 수 있겠습니까? 장승요는 죽지 않기 위해 온 마음을 기울여 '관세음보살'을 불렀습니다. 식음을 전폐하고 관세음보살만 불렀습니다.

3일째 되는 날, 그는 염불삼매에 빠져들었고, 삼매에서 깨어나 그림을 그리기 시작했습니다. 그가 그린 그림은 십일면관세음보살이었습니다. 천자가 꿈에서 본 것과 똑같은 십일면관세음보살을 그린 것입니다. 천자는 감탄을 하며 사과했습니다.

"이런 훌륭한 화가를 미처 알아보지 못했다니! 내가 잘못했노라."

천자가 사과를 했지만, 죽을 고비를 넘긴 장승요는 더 이상 중국에 살고 싶지가 않았습니다.

"신라는 불교를 크게 공경한다고 하니, 그곳에 가서 불사를 행하여 신라 사람들을 이롭게 하리라."

그리고는 배를 타고 바다를 건너 신라로 와서, 서라벌(경주)의 중생사衆生寺에 머물며 십일면관세음보살상을 만들어 봉안하였는데, 그 관음상 앞에서 기도하여 소원을 성취하고 복을 얻은 이가 헤아릴 수 없이 많았다고 합니다.

ℰ

이상은 『삼국유사』에 기록되어 있는 이야기입니다.

그렇습니다. 마음을 잘 모아 기도를 하면 안 되는 일이 없습니다. 집중하여 기도하다가 잠깐이라도 삼매에 들면 무엇이든 성취됩니다. 도道도 이룰 수 있고, 부富와 귀貴도 이룰 수 있습니다.

집중을 하여 주관과 객관이 끊어진 자리에 이르는 삼매에 들면 '무소불위無所不爲, 무소불능無所不能'이 됩니다. 안 되는 것이 없고, 통하지 않는 것이 없습니다. 공空하여지기 때문에 모든 것이 이루어집니다.

이제 믿어야 합니다. 우리도 원력을 세우고 잘 집중하여 기도하면 이루어지게 된다는 사실을.

원을 이루는 최상의 길은 집중력 깊은 기도입니다. 원력 깊은 기도가 성취의 나침반임을 잊지 마십시오.

'지극한 마음으로 기도하라. 간절한 마음으로 기도하라'고 하는데, 그 간절한 마음과 지극한 마음이 무엇이겠습니까? 잘 집중된 마음입니다.

이것을 잊지 마십시오. 번뇌를 좇아가지 말고 마음을

잘 집중하여 기도하면 선정과 삼매가 찾아들고, 선정과 삼매에 들면 반야의 지혜가 발현되며, 지혜의 빛이 가득한데 어찌 기도성취를 하지 못하고 성공을 하지 못하겠습니까?

하지만 기도해 보신 분들은 다 아실 것입니다. 우리 마음속의 번뇌망상, 이를 다스리는 것이 보통 일이 아니라는 것을.

부디 집중의 기도를 하고, 지극한 일념으로 신심의 말뚝을 세우는 기도를 하여, 소원을 성취하시고 부富와 귀貴를 이루시기를 축원 드리고 또 축원 드립니다.

나무아미타불

제8장

천도를 위한 기도

겨울 되어 파초의 가지와 잎이 말라죽어도
썩지 않는 뿌리가 남아 해마다 자라나듯이
인간으로 태어난 몸에는 늙고 죽음 있지만
불멸의 마음이 있어 세세생생 태어난다네

芭蕉枝葉有枯死　파초지엽유고사

有根不朽年年生　유근불후년년생

人生受身有老死　인생수신유노사

有心不滅世世生　유심불멸세세생

죽으면 끝인가?

　남쪽 지방의 집이나 절에서는 파초를 많이 기르는데, 여름철이 되면 파초의 잎사귀가 아주 크게 자라납니다. 이 파초처럼 큰 잎을 가진 식물은 흔치 않습니다.

　봄이 되면 파초의 뿌리에서 새싹이 나고, 여름에는 잎이 무성해지고, 가을이 되면 시들고, 겨울에는 말라 버립니다. 그러나 뿌리는 없어지지 아니하고 남아 있다가, 봄이 되면 다시 살아나 무성하고 시들고 사라지기를 반복합니다.

　이 파초와 우리의 인생은 매우 유사합니다. 사람의 몸으로 태어나 늙고 병들어 죽게 되고, 또다시 생로병사를 거듭하는 인생….

　하여 게송에서 '유심불멸세세생有心不滅世世生'이라 한

것이니, 없어지지 않는 마음이 있어 또 몸을 받아 태어나고, 다시 죽고 태어나기를 반복하는 것입니다.

곧 몸뚱이는 나고 늙고 병들어 죽지만, 마음자리는 늙지도 않고 병들지도 않으며, 죽지도 않고 죽일 수도 없습니다. 멸했다가 생기기를 반복하는 것은 육신의 생멸일 뿐, 마음은 언제나 그대로입니다. 그러므로 몸이 없어져도 마음은 없어지지 않는다고 합니다.

우리나라는 OECD 국가 중 자살률이 가장 높은 나라입니다. 그런데 몸이 죽는다고 하여 마음까지 죽습니까? 아닙니다. 죽는 그 순간의 마음과 생각까지 생생하게 가져갑니다.

또 마음자리에는 노소가 없습니다. 나이 80이 되어도 마음은 늙지 않습니다. 늘 그 마음이 그 마음입니다.

잊지 마십시오. 육신은 멸해도 마음은 그대로입니다. 있다·없다를 떠나 그대로 있습니다. 그야말로 불생불멸不生不滅입니다. 이 몸을 받기 이전에도, 이 몸을 떠난 이후에도 그대로입니다.

이는 마치 물의 순환과도 같습니다.

지금 우리 앞에 한 컵의 물이 있다고 합시다. 이 물을 마시고 나면 컵의 물은 보이지 않게 됩니다. 그럼 물이 없어진 것일까요?

아닙니다. 없어진 것이 아닙니다. 몸 안으로 들어가 순환을 하며 모든 장기들에 활력을 불어넣고, 소변과 땀으로 나와서는 다시 강물이 되고 바닷물이 되며, 증발하여 구름이 된 다음 비로 눈으로 변하여 또다시 내려오게 됩니다.

또 이 물은 어떠한 인연을 만나느냐에 따라 결과가 달라집니다.

사람이 마시면 피가 되고, 소가 마시면 우유가 되며, 독사가 마시면 독이 되는 등 각각의 인연에 따라 달리 변하게 됩니다. 그러므로 물은 없어지는 것이 아니라 인연 따라 흘러가는 것입니다.

인간 또한 마찬가지입니다. 죽으면 그대로 없어지는 것이 아닙니다. '부모님이 돌아가셨다'는 것은 부모님이 없어진 것이 아니라, 이곳에서 다른 곳으로 옮겨가 무슨 생명으로든 살고 있다는 뜻을 내포하고 있습니다.

옮겨가서 살게 되는 곳! 그곳이 나고 죽음이 없는 극락세계면 얼마나 좋겠습니까? 그러나 다 그렇게 좋은 곳에만 태어나는 것은 아닙니다. 극락이 아니더라도 천상이나 인간으로 태어나면 좋을 텐데, 지옥·아귀·축생·아수라의 세계에 태어나 쉼없이 고통을 받고 고생을 하는 경우가 허다합니다.

그럼 지옥·아귀·축생 등의 괴롭고 나쁜 세상에 떨어지면 어떻게 해야 하는가? 그때 필요한 것이 천도遷度입니다. 좋은 세상으로 옮겨갈 수 있도록 천도를 해주어야 합니다.

이 천도에 대해, 불교의 대표적인 천도 시기인 우란분절을 중심에 두고 함께 살펴보도록 합시다.

천도재의 유래

천도의 천薦은 '받든다 · 뽑아 올린다'는 뜻이요, 도度 는 '제도한다 · 구제한다 · 건너가게 한다'는 뜻입니다. 영가를 잘 받들어 좋은 곳으로 가게 하는 것이 천도입 니다.

나쁜 업業이나 한恨 등의 그릇된 얽힘 때문에 나쁜 곳 에 빠져들었거나, 가 있어야 할 곳에 가지 못한 채 떠돌 고 있는 영가들을, 잘 받들고 달래고 스스로 깨닫게 하 여 좋은 곳으로 건너가게 하는 것이 불교의 천도입니다.

그렇다면 어떻게 하여야 영가가 스스로 깨달아 극락 등의 좋은 곳으로 갈 수 있는가?

그 방법은 오직 하나입니다. '내가 가야 할 곳은 바로 저곳이구나' 하는 생각이 들도록 해주어야 하며, 이를 깨닫도록 하는 것이 천도의 시작입니다.

이러한 뜻을 지닌 불교 천도는 백중이라고 칭하는 우란분절과 깊이 관련되어 있습니다.

우란분절盂蘭盆節의 '우란분'을 한문으로 번역하면 '해도현解倒懸·구도현救倒懸'이 됩니다. '거꾸로 매달린〔倒懸〕고통에서 구해주고 해방시켜 준다'는 뜻입니다.

우란분절은 백중날인 음력 7월 15일입니다. 민가에서는 처음 이 백중을 '백종'이라고 불렀습니다. 농부들이 봄부터 여름까지 논밭에서 일을 하다가, 7월 15일에 이르러 바쁜 일을 모두 끝내면 비로소 흙 묻은 발을 깨끗이 씻고, '흰 발'로 즐겁게 놀고 맛있는 음식을 먹으며 편히 쉰다는 뜻으로, '흰 백白'에 '발뒤꿈치 종踵'자를 합하여 '백종白踵'이라 하였습니다.

불교에서는 스님들이 여름 안거安居를 끝내는 7월 15일에 '백 가지 음식'을 마련한다고 하여 '백종百種', 고통 속에 빠져 있는 '혼백을 구제하는 날'이라 하여 '백종魄縱'이라 하였습니다. 또 스님들이 3개월의 안거安居 수행 기간 동안 공부한 결과를 '대중〔衆〕 앞에서 고백

〔白〕'하는 날이라 하여 '백중白衆'이라 하였습니다.

불교에서는 백중날인 우란분절에 재齋를 베풀어서 그릇되고 고통받는 영가들을 천도해 주고 있는데, 이는 부처님의 10대제자 가운데 신통력이 가장 뛰어난 목건련目犍連 존자의 효성에서 비롯된 것입니다.

『우란분경盂蘭盆經』과 『목련경目連經』을 중심으로 그 내용을 간략히 소개하겠습니다.

❀

중인도 사위국에 학식과 덕망을 갖춘 부상傳相이라는 장자와 미모가 출중한 청제靑提부인 사이에서 나복羅卜이라는 착실한 아들이 태어났습니다. 세 식구는 참으로 단란한 가정을 꾸리며 행복하게 살았는데, 나복이 장성했을 즈음 아버지가 갑자기 병이 나 세상을 떠났습니다.

장례를 치르고 가업을 물려받은 나복은 먼 나라로 장사를 하러 떠나면서 어머니 청제부인께 아버지가 남긴 재산의 3분의 1을 맡기면서 당부했습니다.

"어머니! 제가 없는 동안 매일 브라흐만 승려들을 청하여 아버님을 위한 재齋를 베풀어 주십시오."

"알았다. 너의 무사귀환과 성공도 함께 기도할 테니 안심하고 다녀오너라."

그러나 마을 어귀까지 아들을 전송하고 집으로 돌아온 청제부인의 실천은 달랐습니다. 브라흐만 승려 대신 놀기를 좋아하는 남녀를 집안으로 끌어들였고, 재를 지낼 음식 대신 향연을 위한 고기와 술을 장만했습니다. 그리고는 향락에 빠져 헤어날 줄을 몰랐습니다.

마침내 해가 바뀌어 큰돈을 번 나복이 고향 마을의 어귀에 이르렀을 때, 그를 맞이한 것은 생각지도 않았던 어머니의 방탕한 생활에 대한 소문이었습니다.

장삿길의 성공과 무사귀환이 어머니의 기도 덕이라고 여기고 있었던 나복은 사실 확인을 위해 시종을 먼저 집으로 보내었고, 당황한 청제부인은 시종을 큰돈으로 매수하여 거짓을 고하게 하였습니다. 그리고 향연에 참석한 사람들에게 브라흐만의 옷을 입혀 재를 지내는 것처럼 꾸몄습니다.

시종으로부터 별 문제없다는 말을 들은 나복은 어머니의 부정에 대한 생각을 말끔히 지우고 집으로 갔습니다. 하지만 아들을 맞이하는 어머니의 얼굴은 지난날처럼 맑지가 않았습니다. 삿된 기운이 가득한 어머니를 보며 나복은 소문의 사실 여부를 물었고, 어머니는 큰 소리로 부정을 하며 단호히 맹세했습니다.

"나의 말이 거짓이라면, 오늘부터 7일 안에 죽어 도현 倒懸(거꾸로 매달림)의 고통을 면하지 못하리라."

"잠시라도 어머니를 의심한 이 불효자식을 용서하십시오. 앞으로 어머니를 극진히 모시겠습니다."

그로부터 불과 며칠 후, 청제부인이 갑자기 고통스런 비명을 지르며 쓰러져 즉사를 하고 말았습니다. 오직 남긴 말은 단 한마디.

"아들아, 살려다오!"

갑작스런 어머니의 죽음에 충격을 받은 나복은 산자야라는 현인을 찾아가 어머니의 가신 곳과 천도 방법을 물었습니다.

"어머니의 간 곳을 알고 좋은 곳으로 보내고 싶으면

모든 재산을 이 교단에 바치고 선정과 고행을 닦아라. 그리하면 신께서 어머니를 천상으로 인도할 것이다."

그 말을 믿은 나복은 모든 재산을 헌납한 다음, 출가하여 목건련이라는 이름으로 도를 닦았습니다. 하지만 신의 가피는커녕 어머니의 간 곳 조차 알 수 없었습니다.

회의를 느낀 목건련은 도반인 사리불舍利弗과 함께 석가모니불을 찾아가 제자가 되었고, 부처님의 가르침에 따라 수행하여 육신통六神通을 갖춘 아라한이 되었습니다.

목건련 존자는 무엇이든 다 볼 수 있는 천안통天眼通으로 무엇보다 먼저 부모님이 가신 곳을 살폈습니다. 아버지는 욕계欲界 여섯 하늘 중 위에서 두 번째로 높은 화락천化樂天에 태어나 즐겁게 살고 계셨으나, 아귀餓鬼가 되어 형틀에 거꾸로 매달려 있는 어머니의 모습은 처참하기 그지없었습니다.

"어머니!"

목건련 존자는 울부짖으며 바루에 밥을 담아 어머니 앞으로 내밀었고, 어머니는 황급히 왼손으로 바루를 낚아채더니 오른손으로 밥을 움켜쥐었습니다. 그러나 입에 들어가기도 전에 밥은 불덩이로 변하였고, 여러 차례 시도를 하였으나 역시 마찬가지였습니다.

　신통제일의 목건련 존자였지만 업보 때문에 아귀로 태어나 항상 목마름과 배고픔의 고통 속에서 살아야 하는 어머니에게는 밥 한 톨 물 한 방울을 먹일 수 없었습니다.

　목건련 존자는 부처님께로 달려가 슬피 울면서 사연을 말씀드렸고, 부처님께서는 조용히 이르셨습니다.

　"네 어머니의 죄는 뿌리가 매우 깊어 1겁 동안 아귀의 과보를 받아야 한다. 더욱이 너에게 '거짓말을 한다면 거꾸로 매달리는 고통을 받겠다'는 맹세를 하지 않았더냐? 너의 효심과 신통력이 천지를 진동시킨다 할지라도 네 어머니의 죄는 소멸시킬 수 없느니라."

　그리고는 구체적인 방법으로 승려들의 수행 해제일解制日인 7월 15일에 시방의 승려에게 공양을 할 것을 가르쳐주셨습니다.

　"해제일은 선정을 닦던 많은 스님들이 한자리에 모여 일심으로 스스로가 범한 허물이나 깨달은 바에 대해 고백을 하고 점검을 받는 자자일自恣日로, 기운이 참으로 대단한 날이다. 더욱이 시방의 성현들과 대보살들이 비구의 모습을 취하여 대중들 속에 있으면서, 중생의 복덕을 위해 자비심으로 공양을 받느니라.

그러므로 이날, 백 가지 맛의 음식과 다섯 가지 과일 등을 공양하며 정성을 기울이면, 시방세계 대보살과 스님네의 수행 공덕으로 돌아가신 현생의 부모와 이전 여섯 생生의 부모(합하여 7생의 부모), 그리고 가까운 친족들이 삼악도三惡道의 괴로움을 벗고 천상에 태어나 무량한 즐거움을 누리게 되며, 살아 있는 부모는 병고와 액난 없이 백세토록 장수를 하게 되느니라."

목건련 존자는 부처님의 가르침대로 우란분재를 시행하였고, 마침내 어머니는 1겁이나 더 받아야 할 아귀의 과보를 벗고 즐거움을 마음껏 누리는 화락천化樂天에 태어났습니다.

부처님께서는 천도재를 올리는 불자들의 마음가짐에 대해 결론적으로 말씀하셨습니다.

"부모가 길러주고 사랑해준 은혜를 갚는다는 마음으

로 천도재를 행하여라."

&

"길러주고 사랑해준 은혜를 갚는다는 마음으로 천도
재를 행하라."고 하신 부처님의 가르침.

이 가르침을 따라 전국의 많은 사찰에서는 우란분절
49일 전 또는 21일·7일 전부터 재를 봉행합니다. 우리
가 은혜를 갚는 마음으로 기도한 힘과 불보살님의 가
피, 스님들의 3개월 동안 수행한 힘이 합하여지게 되면,
영가를 구제할 수 있는 기운이 가득하여져서 보다 쉽게
천도를 할 수 있게 되는 것입니다.

우란분절 천도만이 아닙니다. 부모님 돌아가신 직후
에 올리는 49재는 사후에 문제가 생겼을 때 행하는 천
도재들 또한 조금도 다를 바가 없습니다. 은혜를 갚고
자 하는 마음과 불보살님의 가피가 천도의 기본이 됩
니다.

이제 천도재를 하는 우리의 마음가짐과 자세에 대해
보다 자세히 말씀드리겠습니다.

효심으로 천도하면

음력 7월 15일인 우란분절날까지 49일 또는 21일 동안 행하는 백중기도 기간은 참으로 덥습니다. 따라서 기도를 하기가 힘이 듭니다. 하지만 돌아가신 부모님의 은혜를 생각하고 '부모님을 행복의 세계로 옮겨가도록 해야 한다'는 마음이 뚜렷하면 무더위가 어찌 문제가 되겠습니까?

부모님 사후의 49재 또한 마찬가지입니다. 장례식 이후의 피로와 슬픔이 큰데, 또다시 매주 한 번씩 재를 지내는 것이 쉽지만은 않습니다. 하지만 이때 마음을 잘 모아야 합니다.

일체유심조一切唯心造! 모든 것은 마음의 조화요 마음먹기에 달렸습니다. 영가천도라 하여 예외가 아닙니다.

천도에 임하는 우리가 어떠한 마음가짐으로 하느냐에 따라 영가를 잘 천도시킬 수도 있고 천도를 못 시킬 수도 있습니다.

바꾸어 말하면 '돌아가신 나의 부모를 극락으로 보내느냐? 지옥 또는 아귀의 삶을 살도록 그대로 방치를 하느냐?'가 바로 나의 마음가짐에 달려 있다는 것입니다.

과연 천도를 함에 있어 가장 중요한 것은 무엇이겠습니까? 도력이 높은 큰 스님께서 천도 법문을 하는 것입니까? 많은 음식을 차려 놓고 장엄한 의식절차 속에서 천도를 하는 것입니까? 천도의 기운이 강한 날 천도를 하는 것입니까?

아닙니다. 무엇보다 중요한 것은 부모나 조상의 천도에 임하는 나의 마음가짐, 나의 기본 자세입니다. 진정으로 영가와 불보살의 가피를 연결시켜줄 나의 정성이 없으면 결코 천도는 되지 않습니다.

천도는 생生을 바꾸어주는 기도입니다. 지옥·아귀·축생이라는 고통스러운 삼악도에서 인간이나 천상의 세계, 나아가 극락의 세계로 옮겨가게 하는 것입니다. 이 얼마나 큰 공덕입니까? 어찌 보면 죽어가는 사람을 살려내는 것보다 공덕이 더 크다고 할 것입니다.

따라서 천도를 잘하게 되면 나와 집안의 각종 재앙과 우환들이 사라지면서 더없이 좋은 일들이 피어나게 됩니다. 천도를 잘함으로써 한없이 좋은 결과가 저절로 찾아드는 것입니다.

그러므로 효심孝心으로 천도를 해야 합니다. 효성스런 마음으로, 또 부모가 자식을 생각하는 것과 같은 순수한 애정으로 천도를 해야 합니다.

나의 욕심을 벗어버리고 마음을 잘 모아 정성껏 기도를 하게 되면 꼭 천도가 되게끔 되어 있습니다. 아울러 그 공덕에 따른 한량없는 복도 저절로 찾아들게끔 되어 있습니다.

부디 49재나 백중기도 등의 천도재에 임할 때는 그냥 효심으로, 은혜를 갚는다는 마음 하나로 하십시오. 이 것이 진짜 천도입니다. 진짜 천도를 하면 영가뿐만이 아니라 온 우주법계가 우리에게 큰 복을 내립니다.

왜냐하면 효심이야말로 우주법계에 가득 충만되어 있
는 행복의 기운과 나를 하나로 엮어주는 행복주파수이
기 때문입니다.

천도에 특히 좋은 기도

　간절히 당부드리건대, 사후 49일 또는 백중기도 등의 천도 기간만이라도 정성을 바치는 기도를 하고자 노력해보십시오. 사찰에 위패를 올리고 동참금을 내는 것으로 끝내지 말고, 여러 천도법 중에서 한 가지를 택하여 스스로 정진하면 더욱 좋습니다.

　그럼 어떤 기도를 하는 것이 좋은가? 절에서 대중과 함께 기도하는 불자라면 절에서 하는 기도를 따르면 될 것입니다. 그러나 개인적으로 기도하는 경우라면, 극락왕생을 기원하는 아미타기도나, 지장보살의 가피에 의지하는 지장기도가 매우 좋습니다.

　부처님께서는 우리를 '업보중생業報衆生'이라고 하셨습니다. 지은 바 업에 따라 윤회를 하고, 지은 바 업에 의해 행복과 불행을 맞이하게 되는 중생이라는 뜻입니다. 결코 인과응보의 법칙 속에서 정해진 업을 면하기 어려운 '정업난면定業難免'의 중생이 우리라는 것입니다.

그러나 아미타불이나 지장보살의 이름 아래에서는 '정업난면의 업보중생'이 적용되지 않습니다. 가벼운 잘못은 물론이요, 중생의 가장 무거운 죄업이 만들어낸 지옥조차도, 아미타불과 지장보살의 자비로움과 위신력 앞에서는 모두 없어져 버립니다.

곧, 업보중생이 아미타기도나 지장기도를 통하여 아미타불 및 지장보살과 하나가 되고, 아미타불이나 지장보살의 가피를 입게 되면 모든 업이 아미타불과 지장보살의 크나큰 본원력本願力에 의해 녹아 없어진다는 것입니다. 왜? 아미타불의 근본 서원이 일체 중생의 극락왕생이요, 지장보살의 근본 서원이 끝없는 용서요 사랑이기 때문입니다.

그래서 이 산승이 있는 백련암에서는 만일염불도량을 열어 평소에는 아미타불을 마음에 담도록 하고 있습니다. 그리고 백중기도 시에는 지장기도를 자주 택하고 있습니다. 만일 가정에서 기도하는 분이라면 『지장경』
을 **매일 독송 또는 사경**하고 '나무아미타불'이나 '지장
보살' 염불을 하는 것이 좋습니다.

아미타기도나 지장기도 외에도 영가천도만이 아니라
스스로의 공덕을 쌓는데 큰 효험이 있는 기도에는 여러
가지가 있습니다.

· 법화경(전7권을 매일 1권씩)을 7일 만에 1번씩 독송하여
  총7번 독송 또는 법화경 전체를 1번 사경
· 금강경 매일 1번 독송 및 사경
· 자비도량참법(전10권)을 하루 1~2권씩 독송하며 기도
· 광명진언 매일 108번 사경
· 보현행원품 독송과 예불대참회문을 외우며 108배
· 신묘장구대다라니 49독 기도 및 3번 사경

이들 가운데 하나를 택하여 잘 실천하시기 바랍니다.
기도 기간은 49일로 정하는 것이 좋으나, 49일이 어
려우면 21일 기도 또는 10일·7일이라도 괜찮습니다.

백중기도 시에는 입재와 회향(우란분절)은 반드시 절에 가서 기도하고, 나머지 날은 집에서 스스로가 선택한 지장기도·법화경 독송 등의 기도를 하면 됩니다. 또 사후 49재를 지낼 경우, 만일 절에서 7일에 한 번씩 재를 지낸다면 그날은 동참하도록 하십시오.

그리고 지금부터 49일 천도기도를 하겠다고 스스로 작정을 하였다면, 날짜에 구애됨이 없이 혼자서 49일 동안 기도를 하고 회향을 하면 됩니다. 반드시 좋은 결과가 있을 것입니다.

거듭 강조하오니, 조상 및 인연 있는 영가를 꼭 천도하겠다는 마음을 품고 기도하십시오.

『지장경』에서 설하였듯이, 기도 공덕의 6분의 1은 영가에게, 6분의 5는 기도하는 이에게로 돌아가느니만큼, 인연에 맞는 적당한 기도를 택하여 잘 실천하시기를 청하여 봅니다.

인간은 누구나 다 죽고, 죽으면 옮겨갑니다. '천도'를 하게 되어 있습니다. 부디 효심과 은혜 갚는 마음으로 선망부모 및 인연 있는 영가들을 여법如法하게 잘 천도

하고, 나를 향상과 성취의 길로 인도하는 멋진 천도도
함께하시기를 두 손 모아 축원 드립니다.

　나무 아미타불 관세음보살 지장보살마하살

기도 및 영가천도의 지침서

광명진언 기도법 / 일타스님·김현준   신국판 176쪽 5,000원
광명진언 기도를 널리 펴고자 일타스님과 김현준 원장이 함께 저술한 책. 광명진언 속에 새겨진 참의미와 바른 기도법, 빠른 기도성취법 등을 자상하게 설하고, 유형별 기도성취 영험담을 다양하게 수록하였으며, 누구나 보기 쉽도록 큰활자로 발간하였습니다. 광명진언을 외우면 행복과 평화, 영가천도, 소원성취를 이룰 수 있습니다.

생활 속의 기도법 / 일타스님   신국판 160쪽 5,000원
불교계 최대의 베스트셀러! 일상생활에서 누구나 처할 수 있는 여러 가지 상황에 따른 구체적인 기도방법에서부터 특별기도성취법·영가천도기도법·기도할 때 지녀야 할 마음가짐까지, 자상한 문체로 예화를 섞어 쉽고 재미있게 엮었습니다.

기도 / 일타스님   신국판 240쪽 7,000원
총 6장 52편의 다양한 기도 영험담으로 엮어진 이 책을 읽다보면 기도를 통해 틀림없이 부처님의 가피를 입을 수 있음을 확신할 수 있게 되고, 올바른 기도법과 함께 기도성취의 지름길을 알 수 있게 됩니다.

기도성취 백팔문답 / 김현준   신국판 240쪽 7,000원
기도에 대한 정의·기도와 믿음·업장소멸의 방법·꾸준한 기도의 효험·원을 세우는 법·축원법·각종 기도가피와 기도성취의 시기·성취를 위한 하심법下心法 등 기도에 관한 궁금증들을 문답형식으로 자상하게 풀이하였습니다.

참회와 사랑의 기도법 / 김현준   신국판 192쪽 6,000원
총 84가지 문답을 통하여 참회의 정의에서부터 참회기도를 해야하는 까닭, 절을 통한 참회법·염불참회법·주력참회법·가족을 향한 참회법, 기도 축원의 구체적인 내용 및 자비의 기도가 갖는 효과, '백중과 영가천도'등에 대해 아주 상세하게 설명하고 있습니다.

불교의 자녀사랑 기도법 / 김현준   신국판 160쪽 5,000원
자녀들을 정말 잘 사랑할 수 있는 방법을 부처님의 가르침에 의지하여 쓴 책입니다. 자녀 교육 방법, 자녀를 위한 기도법과 함께 부모님께 효도해야 하는 까닭도 수록하였습니다.

참회 · 참회기도법 / 김현준   신국판 160쪽 5,000원
참회의 참된 의미, 절·염불을 통한 참회법, 참회인의 마음가짐, 이참법 등을 영험담들과 함께 감동 깊게 엮은 책으로, 참회를 통해 행복하고 자유로운 삶을 사는 방법을 열어주고 있습니다.

신묘장구대다라니 기도법 / 우룡스님·김현준   신국판 208쪽 6,000원

신묘장구대다라니를 외우면 생겨나는 가피와 공덕, 기도의 방법과 주의할 점, 우룡스님이 들려주는 14편의 영험담, 대다라니의 근본경전인 『무애대비심다라니경』을 수록하고 있는 이 책을 읽고 자신있게 기도하면 심중소원의 성취와 기적같은 체험도 할 수 있습니다.

기도 성취의 지름길 (2019년 신간) / 우룡스님   4×6판 160쪽 4,000원

가족을 위한 기도와 기도 성취의 원리에 초점을 맞춘 감동적인 기도법문입니다. 제1부 「가족 행복을 위한 기도」에서는 가족을 향한 참회와 절의 필요성, 3배 기도의 큰 영험에 대해 일러주고 있으며, 제2부 「빠른 기도 성취의 길」에서는 믿음과 정성이 뒤따라야 기도 성취를 잘할 수 있고, 기도의 고비를 잘 넘겨야 능히 행복과 대해탈의 문이 열린다는 것을 많은 이야기를 곁들여 설하고 있습니다.

기도 이야기 / 우룡스님   신국판 204쪽 6,000원

"스님, 기도로 소원을 성취할 수 있습니까?" 총 6장 45편의, 참으로 재미있는 기도성취 영험담이 수록된 이 책을 읽고 기도를 하면, 불보살님과 통하는 감응의 길이 열리면서 심중소원을 빨리 성취하게 됩니다. 또한 이야기 끝에 붙인 큰스님의 해설은 기도의 방법을 쉽게 터득할 수 있도록 이끌어줍니다.

영가천도 / 우룡스님   신국판 160쪽 5,000원

영가의 장애를 느끼십니까? 돌아가신 영가를 영가를 제대로 천도해 드리지 못했습니까? 영가천도의 필요성과 기본자세, 염불·독경·사경을 통한 영가천도, 49재, 낙태아 천도 등 영가천도에 관한 궁금증 및 천도의 방법을 우룡스님의 자세한 법문으로 풀어드립니다.

미타신앙·미타기도법 / 김현준   신국판 160쪽 5,000원

아미타불의 참 모습에서부터 극락에서 누리는 행복, 칭명염불·오회염불·관상염불·천도염불 등의 각종 염불수행법과 함께 임종하는 이를 위한 의식과 49재 기간의 행법 등을 자세히 밝히고 있습니다.

관음신앙·관음기도법 / 김현준   신국판 240쪽 7,000원

관세음보살의 구원 능력, 주요 경전 속의 관음관, 11면관음·천수관음·32응신·33관음 등 자비관음의 여러 가지 모습, 일심칭명 일념염불의 관음기도법, 독경 사경 기도법, 다라니 염송 기도법 등을 자세하고도 알기 쉽게 풀이하였습니다.

지장신앙·지장기도법 / 김현준   신국판 192쪽 6,000원

지장신앙 속에는 영가천도뿐만이 아니라 현세에서의 행복과 깨달음, 성불의 비결까지 간직되어 있습니다. 이러한 지장신앙의 여러 측면과 함께 생활 속에서 할 수 있는 지장기도법을 자세히 밝혀놓았습니다.

법보시를 원하시는 분은 출판사로 연락 주십시오. 할인혜택을 드립니다.

전화 02-587-6612, 582-6612 팩스 02-586-9078

많이 찾는 기도 독송용 경전

한글 『법화경』과 『법화경 한글사경』

불교 최고 경전인 법화경! 이 경을 독송하고 사경해 보십시오.
소원성취는 물론 깨달음과 경제적인 풍요까지 안겨줍니다.

법화경 (독송용) 김현준 역　　4×6배판　총20,000원
전3책　제1·2책 176쪽 6,500원 제3책 192쪽 7,000원

법화경 한글사경 김현준 역　4×6배판　총 20,000원
전5책　각권 120쪽 내외 권당 4,000원

자비도량참법 / 김현준 역　　　　　　　　　　　양장본　528쪽　20,000원

불교 최고의 참회법인 자비도량참법!
참되이 참회하시기를 원하십니까? 자비도량참법 기도를 하면 나의 허물과 죄업의
참회에서 시작하여 부모 스승 친척 등 육도 속을 윤회하는 온 법계 중생의 업장
과 무명까지 모두 소멸시켜줍니다. 이 참법을 행하다 보면 저절로 참회의 마음이
깊어지고 자비가 충만해지고 환희심이 넘쳐나게 됩니다.

| 큰활자본 지장경 | 김현준 편역　4×6배판　208쪽　7,000원 |
| 지장보살본원경 | 김현준 편역　신국판　208쪽　6,000원 |

이 책은 지장기도를 하는 분들을 위해
① 지장경을 처음부터 끝까지 1번 독송, ② '나무지장보살'을 천번염송,
③ 지장보살예찬문을 외우며 158배,　④ '지장보살' 천번 염송의
4부로 나누어 특별히 만들었습니다.
지장경 독경 및 지장보살예참과 염불을 할 때, 각 장 앞에 제시된 기도법에 따라
기도를 하게 되면, 지장보살의 가피 속에서 틀림없이 영가천도·업장소멸·소원
성취·향상된 삶을 이룩할 수 있게 됩니다.
이 두 책의 내용은 같으며, 활자 및 책크기만 다릅니다.

한글 승만경　　　　　　　김현준 역　4×6배판　144쪽　5,000원

부처님과 승만부인이 설한 보배로운 경전!
이 승만경에는 여인의 성불 수기와 함께 승만부인의 서원, 정법을 나의 것
으로 만드는 법, 중생에게 희망과 자비심을 불러 모으게 하는 여래장 사상,
번뇌·법신·일승·사성제·자성청정심에 대해 쉽고도 분명하게 밝혀 불자의
삶과 수행을 바른길로 이끌어주고 있습니다.

● 아름다운 우리말 경전 시리즈 ●

〈가지고 다니면서 틈틈이 읽게 되면 독송과 기도에 큰 도움이 됩니다〉

유교경 (신간) / 일타스님·김현준 역 　　　국반판 100쪽 2,000원
부처님의 간절한 마지막 가르침을 담은 매우 소중한 경전.

금강경 / 우룡스님 역 　　　국반판 100쪽 2,000원
'금강경을 우리말로 보급하겠다'는 원력에 의해 제작된 책.

관음경 / 우룡스님 역 　　　국반판 100쪽 2,000원
관음경의 번역과 함께 관음기도와 염불법에 대해 자세히 설한 책.

보현행원품 / 김현준 편역 　　　국반판 100쪽 2,000원
보현보살의 십대원을 설하여 참된 보살의 길로 이끌어주는 책.

약사경 / 김현준 편역 　　　국반판 100쪽 2,000원
한글 번역과 함께 약사기도법과 약사염불법에 대해 자세히 설한 있는 책.

지장경 / 김현준 편역 　　　국반판 196쪽 3,500원
편안한 번역으로 쉽게 이해할 수 있도록 하였으며, 기도법도 자세히 수록한 책.

부모은중경 / 김현준 역 　　　국반판 100쪽 2,000원
부모님의 은혜를 느끼며 기도를 할 수 있게 엮은 책.

초발심자경문 / 일타스님 역 　　　국반판 100쪽 2,000원
신심을 굳건히 하고 수행에 대한 마음을 불러일으키게끔 하는 책.

법요집 / 불교신행연구원 편 　　　국반판 100쪽 2,000원
법회와 수행 시에 필요한 각종 의식문, 좋은 몇 편의 글들을 수록한 책.

선가귀감 / 서산대사 저·용담스님 역 　　　국반판 160쪽 3,000원
선수행 뿐 아니라 참회 염불 육바라밀 등 불교의 요긴한 가르침을 담은 책.

한글 원각경 (신간) / 김현준 편역 　　　4×6배판 192쪽 7,000원
한국불교의 근본 경전인 원각경을 수십 차례 번역·수정·윤문하여 쉽게 이해할 수 있도록 하였습니다. 한글과 원문을 바로 옆에 두어 대조하며 읽을 수 있습니다.

한글 보현행원품 / 김현준 편역 　　　4×6배판 112쪽 4,000원
행원품과 예불대참회문을 함께 실어 독경 후 행원품에 근거한 정통 108배를 행할 수 있도록 만들었으며, 독송 방법과 대참회의 의미 등도 상세히 설명하였습니다.

한글 금강경 / 우룡스님 역 　　　4×6배판 112쪽 4,000원
책 크기만큼 글씨도 크게 하고 한자 원문도 수록하였으며, 독송에 관한 법문도 첨부하였습니다. 사찰 및 가정에서의 독송용으로 매우 좋습니다.

한글 약사경 / 김현준 편역 　　　4×6배판 100쪽 3,500원
아주 큰 활자로 약사경 한글 번역본을 만들었습니다. 약사경 독경 방법 및 약사염불법도 함께 실어 기도에 도움이 되도록 하였습니다.

한글 관음경 / 우룡스님 역 　　　4×6배판 96쪽 3,500원
커다란 글씨의 관음경 해설과 함께 관음경의 원문과 독송법, 관음 염불 방법 등을 수록하여 관음경의 가르침을 쉽게 이해하도록 하였습니다.

알기 쉬운 경전 해설서

생활 속의 천수경 (개정판) / 김현준   신국판 240쪽 7,000원
천수관음이 출현하신 까닭, 천수관음을 청하는 법과 가피를 얻는 법, 신묘장구대
다라니의 풀이와 공덕, 찬탄의 공덕과 참회성취의 비결, 준제기도 및 주요 진언 속
에 깃든 의미, 여래십대발원문 사홍서원 삼귀의 의미 등을 상세히 풀이하였습니다.

생활 속의 금강경 / 우룡스님   신국판 304쪽 8,000원
금강경의 심오한 내용을 알기 쉽게 풀이하고 일상생활과 접목시켜 강설함으로써
삶의 현장에서 금강경의 가르침을 능히 응용할 수 있도록 하였고, 감동을 주는 일
화들을 많이 삽입하여 재미를 더해주고 있습니다.

생활 속의 관음경 / 우룡스님   신국판 240쪽 7,000원
관세음보살보문품인 관음경을 통하여 관세음보살의 본질, 일심칭명과 재난 소멸
법, 공경예배와 소원 성취법, 관세음보살을 관하는 법 등에 대해 여러 가지 영험담
과 함께 감동적으로 풀이하고 있습니다.

생활 속의 반야심경 / 김현준   신국판 272쪽 8,000원
반야심경의 구절구절들을 우리의 생활과 결부시켜 참으로 쉽고 명쾌하게 해석하
였습니다. 공空의 의미, 모든 괴로움의 원인과 해탈법, 색즉시공 공즉시색의 참 뜻,
걸림 없고 진실불허한 삶을 이루는 방법 등을 감동적으로 풀이하였습니다.

예불문, 그 속에 깃든 의미 (신간) / 김현준 지음   256쪽 7,000원
많은 불자들이 궁금해 하였던 오분향의 의미와 지심귀명례하는 방법, 불법승 삼
보의 내용과 문수·보현·관음·지장보살, 십대제자·16나한·5백나한·천이백아라
한·역대조사, 그리고 사부대중의 화합 등을 이 책 속에 모두 담았습니다.

생활 속의 보왕삼매론 (전면개정판) / 김현준 신국판 240쪽 7,000원
『보왕삼매론』을 해설한 이 책은 병고 해탈, 고난 퇴치, 마음공부와 마장 극복, 일
의 성취, 참사랑의 원리, 인연 다스리기, 공덕 쌓는 법, 이익과 부귀, 억울함의 승화
등 누구나 인생살이에서 겪게 되는 장애들을 속 시원하게 뚫어주고 있습니다.

참 생명을 찾는 경봉스님 가르침 / 김현준   신국판 192쪽 6,000원
경봉스님의 참 생명을 찾는 공부 방법과 도와 인생의 실체, 이 사바세계를 무대로
삼아 멋있게 사는 법 등을 다양한 이야기와 함께 엮은 책입니다..

삼보와 삼학 / 원산스님   신국판 200쪽 6,000원
원산스님께서 고금을 꿰뚫는 안목으로 불자들이 꼭 알아야 할 삼보와 삼학에 대
해 마음 깊이 스며들게끔 집필한 이 책을 읽으면 믿음이 샘솟고 안정된 삶, 밝은
삶, 자유로운 삶을 누릴 수 있게 됩니다.

화엄경 약찬게 풀이 / 김현준   신국판 216쪽 7,000원
한량없는 공덕이 담겨 있는 화엄경 약찬게. 그러나 그냥 읽을 때는 무슨 내용이고
무슨 뜻인지를 알 수가 없는데, 이를 쉽고도 재미있게 풀이하였습니다.